비주얼
브랜딩의 비밀

비주얼 브랜딩의 비밀

초판 1쇄 인쇄 2023년 3월 17일
초판 1쇄 발행 2023년 3월 23일

지은이 장지민

발행인 백유미 조영석

발행처 (주)라온아시아
주소 서울특별시 서초구 효령로 34길 4, 프린스효령빌딩 5F

등록 2016년 7월 5일 제 2016-000141호
전화 070-7600-8230 **팩스** 070-4754-2473

값 17,500원
ISBN 979-11-6958-040-3 (13190)

비주얼 브랜딩의 비밀

Visual Branding

장지민 지음

RAON BOOK

✦

나만의 비주얼 전략을 세우도록 도와주는 길라잡이

이 책은 브랜딩 경험이 적어 어떻게 일해야 할지 막막한 실무자들에게 좋은 길잡이가 될 것입니다. 또한, 스타트업을 운영 중인 경영자들도 이 책을 꼭 한 번 읽어보길 바랍니다.

단순히 화려한 이미지를 만드는 것보다는 자연스러움과 본질을 중시하는 높은 차원의 비주얼 브랜딩 접근 방법을 알려줍니다. 개인의 본질과 장점을 파악하여 독보적인 분위기와 목표를 설정하고, 장기적인 비주얼 전략을 세우는 데 도움을 줄 것입니다.

이 책을 통해 많은 사람들이 자신만의 분명한 콘셉트와 분위기, 개성을 명쾌하게 만들어나갈 수 있기를 기대합니다.

김철휘

(VBstudio CEO & Creative director)

누구나
브랜딩하는 시대가 되었다

브랜딩은 더 이상 브랜드 기획자들만의 전유물이 아니다. 나 자신, 혹은 인스타그램 계정을 브랜딩하는 시대가 온 만큼, 브랜딩은 우리 생활 깊숙이 파고들고 있다.

사람이든 브랜드든 이름은 잊어버려도 이미지는 기억에 남는다. 이처럼 인간은 언어적인 기호보다 시각적인 기호를 좀 더 강력하게 기억하기 때문에 브랜딩에서도 비주얼 브랜딩의 비밀을 파헤치고 싶어 한다.

더 이상 문자에 의존하는 브랜딩이 아닌, 시각을 사로잡는 브랜딩을 하는 비밀, 이 책을 통해 많은 걸 얻길 바란다.

박현아

(중앙일보 이노베이션랩 책임디자이너 /
전 YG 엔터테인먼트 디자인팀장)

사람들을 이끄는 매혹적인 콘셉트와 비주얼

정보가 넘쳐나는 현 시대에 사람들의 이목을 끄는 것, 사람들을 매혹시키는 것은 과장되지 않으면서도 강렬하고 독특한 콘셉트를 가진 사람, 상품들일 것이다.

브랜딩과 콘셉트에 대한 단어 사용이 빈번한 현 시대에 좋은 브랜딩, 좋은 퍼스널 브랜딩이란 많이 들어본 개념이지만, 선뜻 자신에게 도입해서 분명하게 적용하기에는 어려운 부분이 있다.

비주얼디렉터로서 많은 K-POP 그룹의 비주얼 전략을 세우면서, 나의 지인들은 항상 본인의 이미지나 비주얼이 명확한지, 괜찮은지를 물어왔다.

주로 이러한 질문들이었다.

'나의 이미지나 콘셉트는 어때? 내가 생각한 이미지로 사람들이 동일하게 나를 인지하고 있을까? 이렇게 내 이미지를 가져가는 게 맞을까? 이미지에 변화를 주려면 어떤 옷을 입어야 할까?'

여러 지인들에게 비주얼 컨설팅을 해오면서, 나는 퍼스널 브랜딩과 아티스트 브랜딩의 차이가 별로 없다고 느껴졌다. 물론 보이는 것이 중요한 직업인 연예인의 이미지나 콘셉팅의 단계에서 밀도의 차이는 있지만, K-POP 아티스트나 배우들에게 적용되어 왔던 브랜딩, 특히나 차별화된 지점이나 느낌을 즉각적으로 알 수 있는 시각적인 비주얼 브랜딩의 영역은 비단 현 시대에 특정 영역 사람들의 전유물이 아니게 되었다.

새로운 사업을 시작할 때, 유튜브 채널을 시작할 때, 회사에 입사하기 위해 면접을 볼 때, 혹은 조직 내 리더로서 새로운 포지션을 만들어야 할 때와 같이 일상에서 마주하는 터닝포인트의 순간에서 참신한 무언가로 다른 사람들의 마음을 잡아야 하는 경우, 우리는 본인의 이미지나 콘셉트에 대해서 고민하고 나에 대해서 끊임없이 되묻는다.

이 책은 이러한 고민이 있을 때 개인의 명확한 비주얼 콘셉트 정립을 통해 다른 이들과의 차별성과 우위성을 만들고, 좋은 콘셉트를 통해 퍼스널 이미지를 정립하는 법을 이야기한다. 연예인, 기업인, 전문직, 인플루언서 등의 콘셉트 적용 사례와 함께 퍼스널 비주얼 브랜딩을 하는 비법들을 알아보고, 자연스러운 나만의 고유 이미지와 콘셉트로 롱런할 수 있는 방법을 제시한다.

사람들은 흔히 단편적으로 포장을 화려하게 잘 하면 타인의 마음을 사로잡을 수 있을 거라고 생각한다. 멋진 사진 한 장으로 스토리텔링을 하고, 사람들의 마음을 사로잡는 것도 중요하지만, 이 책은 단순히 잘 차려입고 피상적으로 보이는 이미지를 만드는 방법을 이야기하기보다는 좀 더 높은 차원의 비주얼 브랜딩적 접근을 고민한다. 개인의 본질을 알고, 본연의 장점을 통해 분명한 나만의 독보적인 분위기, 콘셉트와 목표하는 지점을 향해 롱런할 수 있는 장기 비주얼 전략을 찾아가는 여정을 같이 하는 책이다. 단편적이고 인위적이기보다는 자연스러운 나, 나다운 나를 찾아 그 지점 안에서 효과적으로 비주얼 브랜딩을 할 수 있는 방법들을 이야기한다. 자꾸 떠오르게 되는, 분명한 이미지나 콘셉트가 있는 기분 좋은 사람 말이다.

이 책을 통해 많은 사람들이 나만의 분명한 콘셉트와 분위기, 개성을 과장되지 않으면서도 명쾌하게 만들어 나갈 수 있기를 바란다.

장지민 레이첼

차 례

2장 사람들이 모여드는 비주얼 브랜딩 기획 노하우

3장 비주얼 브랜딩 프로세스 7

4장 K-POP, 엔터테인먼트의 비주얼 브랜딩

5장 호감 가는 나의 이미지를 강화시키기 위한 룰

1장

지금 왜
비주얼 브랜딩인가?

퍼스널 브랜딩 VS 비주얼 브랜딩

✷ 퍼스널 브랜딩이 대세인 시대가 왔다

평생직장의 개념이 보편적이었던 과거에는 특별히 자신을 브랜딩할 필요가 없었다. 이전 시대의 직장 개념은 일정 기간 스펙을 쌓은 후 좋은 직장에 취직하여 정년까지 일하면 되었다. 하지만 현재는 평생직장 개념이 모호해졌다. 자신의 가치관에 따라 이직을 하거나 프리랜서가 된다면 기업이나 클라이언트에게 끊임없이 자신을 증명하고 어필해야 하는 시대가 도래했다. 이에 따라 남들과는 다른 차별점을 만드는 퍼스널 브랜딩이 더욱 중요해지고 있다.

당신은 어떤 사람이라고 생각하는가? 당신 주변의 많은 사람들은 당신을 어떤 이미지로 생각하고 있을까? 퍼스널 브랜딩이란 결국 나 자신을 이해하고 나의 역량을 키워서 남들과 차별화되는 개성 있는 '나'를 만드는 일이다. 퍼스널 브랜딩을 이해하려면 우선 브랜드와 브랜딩의 개념을 알아야 한다. 브랜드(Brand)는 어떤 인물이나 사업자가 자기 상품을 경쟁업체와 구별하기 위해 사용하는 기호나 문자, 도형 등 하나의 일관된 상징을 의미한다. 우리가 매일 먹는 음식이나 옷, 스마트폰까지 모두 브랜드를 가지고 있다. 현대사회에서 사람들의 기억에 남기 위해서는 독특한 로고나 슬로건 등 정체성을 드러낼 수 있는 요소를 만들어 브랜드를 차별화시키는 것이 필수적이며, 이렇게 브랜드를 만들어가는 모든 과정을 브랜딩이라고 한다.

우리가 살고 있는 현 시대에 퍼스널 브랜딩이란 개인의 명성과 아주 밀접하다. 브랜딩을 통해 사람들에게 보여주고자 하는 것을 표현하기 때문이다. 학생, 취업준비생, 직장인, 프리랜서, 사업가, 전문직, 스타트업의 대표나 임원진 등 전문성의 규모에 관계 없이 퍼스널 브랜딩은 중요해지고 있는 추세이다.

퍼스널 브랜딩이 대세인 이유는 현대사회에 사진과 영상을 중심으로 한 이미지 SNS의 발달, 그리고 모호해진 평생직장 개념 때문이다. 예전에는 기업이나 전문가, 유명인, 연예인 같은 경우와 같이 꼭 필요한 집단의 사람들이 퍼스널 브랜딩을 했었다. 이러한 브랜딩을 하기 위해서는 미디어와 함께해야 했고, 주로 막대한 비용이 들어갔기 때문이다. 하지만 현재는 인스타그램, 페이스북, 트위터 같은 SNS나 유튜브, 틱톡 등의 비주얼을 중심으로 한 사진, 영상 플랫폼이 발달하면서 누구나 퍼스널 브랜딩에 도전할 수 있게 되었다. 여러 채널들을 통해 나만의 콘텐츠를 만들어 유포하고, 1인 미디어가 되어 인지도를 높이며 영향력을 행사할 수 있게 된 것이다. 우리는 큰 영향력과 파급력을 지닌 1인 미디어를 '인플루언서'라고 부른다. 인플루언서들은 브랜드와 함께 '인플루언서 마케팅'을 진행하여 수익을 창출하기도 하는데, 인플루언서의 친밀감, 그리고 신뢰감으로 브랜드를 홍보하면 이미 인플루언서가 보유하고 있는 팔로워들을 통해 브랜드는 대규모의 잠재고객 확보가 가능하다. 퍼스널 브랜딩을 잘했을 경우, 이와 같이 인플루언서도 될 수 있고, 이는 수익 창출로도 이어지게 되기 때문에 많은 사람들이 퍼스널 브랜딩에 관심을 두고 있는 상황이다. 인플루언서가 아니더라도, 유튜브 등에서 활동하는 많은 의사, 변호사, 디자이너 등 전문가들이 좀더 신뢰도 있는 이미지를 형성하기 위해서도 퍼스널 브랜딩은 점차 활발히 사용되고 있다.

✷ 비주얼 브랜딩은 무엇이 다른가?

그렇다면 퍼스널 브랜딩과 비주얼 브랜딩은 어떤 차이가 있을까?

비주얼 브랜딩은 이미지 브랜딩이라고도 하며, 앞서 설명한 퍼스널 브랜딩 중 '당신 주변의 많은 사람들은 당신을 어떤 이미지로 생각하고 있는가?'에서의 어떤 '모습', 그리고 '이미지'에 좀 더 집중한다. 남들과 차별화되는 개성 있는 이미지, 즉 비주얼적으로 차별화 포인트가 있는 '나'를 만드는 것을 비주얼 브랜딩이라고 한다.

이미지는 심리적, 정신적 특징으로 사람의 내면에 있는 생각, 습관, 감정, 심성 등 내적인 이미지, 그리고 자세, 헤어스타일, 패션, 메이크업, 매너 등의 외적인 이미지가 조화되며 만들어진다. 어떤 사람을 떠올릴 때 생각나는 성격, 표정, 말투, 옷차림, 자세, 얼굴 생김새 등 그 사람에 대한 수많은 생각들이 머릿속에서 형체를 만들고, 그것을 편집하며 재구성하게 된다. 이렇게 한 사람에 대한 생각이나 감정들이 모인 것을 우리는 '이미지'라고 한다. 그리고 자신이 가지고 있는 이미지 중 장점을 부각시키고 단점을 보완하여 타인에게 긍정적이고 차별화된 이미지를 만들어내는 것이 비주얼 브랜딩이라고 할 수 있다.

단편적으로 외적인 것을 조금 바꾸는 것만으로는 나의 단점을 보완하기는 어렵지만, 타인에게 보이는 자신의 모습이 긍정적인 방향으로 변화했을 때, 보통 사람들은 자신감을 얻으며, 활기차고 건강해진다. 이 같은 비주얼 브랜딩은 20세기 후반인 근래에 정치인, 경영자, 일반인들 사이에 활발하게 이루어지고 있으며, 미국의 존 F. 케네디, 루즈벨트 대통령, 일본의 고이즈미 총리 등 정치인들로부터 연예인, 전문가, 유튜버 등에 이르기까지 다양한 사람들이 자신을 알리고 홍보하는 전략으로 비주얼 브랜딩을 활용하고 있다.

✷ '힙해서' 모인다

요즘 젊은이들은 물론이고 나이 든 기성세대까지 몰려드는 플랫폼이 있다. 바로 사진과 영상 기반의 비주얼 소셜 플랫폼인 인스타그램과 틱톡 등의 소셜미디어이다. 이곳에서 우리는 비주얼을 기반으로 짧은 영상과 멋진 사진들, 그리고 많은 정보들을 아주 손쉽게 찾을 수 있게 되었다.

이제 우리의 일상은 인스타그램과 틱톡, 유튜브와 같은 소셜 플랫폼 등 여러 SNS에서 사진과 영상을 통해 꽤 구체적으로 공유되고 있다. 이렇게 많은 사람들이 소셜 플랫폼을 원활하게 일상 곳곳에서 사용하는 이유는 무엇일까?

최근 나는 여러 트렌드 조사를 하면서 요즘에는 '힙하다'라는 단어가 많이 쓰인다는 사실을 알게 되었다. '힙하다'는 심미성보다는 개성과 감각적인 것을 추구하는 Z세대 감성을 뜻하는 단어다. 이는 '힙스터스럽다'의 줄임말로, 10년 전만 해도 스타일리스트나

의상 비주얼 쪽에서 많이 사용되던 단어인데, 개개인의 매력을 중시하는 Z세대가 추구하는 맥락과 결을 같이하면서 이들에게 유행하게 된 것으로 보인다. 우리 일상의 순간을 힙하게 비주얼라이징할 수 있는 손쉬운 도구와 일상들이 도처에 있음으로써 사람들이 사진이나 영상을 찍고 공유하며 몰려드는 것이라 생각한다.

✷ 내가 수사샤의 인스타그램, 유튜브를 찾아가는 이유

트렌드를 먼저 찾고 만들어나가는 것이 나의 주된 업이라 쉴 때는 주로 인스타그램을 통해 리서치를 하는데, 이때 발견한 인플루언서가 한 명 있었다. 지금은 아주 유명해진 인플루언서가 된 '수사샤'가 바로 그 주인공이다. 수사샤라는 인플루언서는 3초 만에 '요즘 감성'의 총 집합체로 보이는 이미지들을 매력적으로 큐레이션하고, 다른 이들보다 빠르게 힙한 브랜드와 제품들을 이미지로 보

인플루언서 수사샤의 사진, @sushesha 사진출처 유튜브

여준다.

우리가 어떤 브랜드나 인물을 보고 지속적으로 이 사람을 볼지 말지 결정하는 데는 3초도 걸리지 않는다고 한다. 이 인플루언서가 제품과 인물을 통해 '3초 감성 집합체'라는 독특한 시도를 하고 있는 이유다.

나 역시 수사샤가 올린 피드의 느낌만 보고 3초 만에 "이건 무조건 팔로우해야 한다"하면서 유튜브 채널까지 가게 되었다. 수사샤의 인스타그램 피드에서 보았던 감각적인 이미지들은 영상에서도 그대로 이어졌다. 비주얼을 다루는 감각이 워낙 탁월했기 때문에, 나는 이후 새로운 제품이나 감각적인 트렌드를 찾고 싶거나 참신한 영감을 받고 싶으면 이 인플루언서의 SNS를 찾아가기 시작했다. 심지어는 눈 호강하는 콘텐츠들을 만들어내기 위해 가족과 딸 둘이 나오기까지 한다. 이런 인플루언서는 다양한 패션 기업들과 라이프 스타일 브랜드들에서 내놓는 현실성 없는 광고 모델보다 더 눈독을 들일 수밖에 없는 소재이지 않은가. 따라서 그녀의 채널은 패션, 뷰티 등의 다양한 스펙트럼을 가진 유튜버들에게 많은 영감의 원천이 된다.

✷ 헬로 동원이 틱톡 숏폼 장인이 된 까닭

내가 주목하여 자주 찾는 또 다른 SNS 장인은 '헬로 동원(hello_dongwon)'이라는 틱톡 숏폼으로 활동하는 틱톡커다. 그는 파스텔 톤의 색감과 감성적인 BGM으로 우리나라의 평범하면서도 정감 있는 모습을 담아낸다.

나는 야외 활동이 줄어드는 시즌이나 힐링이 필요할 때 이 틱톡을 '불멍'마냥 본다. 우리나라에 이런 곳이 있었나 싶을 정도로 익숙하게 지나다니는 장소들을 영화나 여행의 한 장면처럼 감성적으로 담아내기 때문이다. 경복궁, 용산, 한강과 같은 곳처럼 일상적인 서울의 공간들을 주로 담아내는데, 이러한 비주얼 영상들을 보고 있으면 밖에 나가지 않아도 침대 위에서 날씨를 느끼며 꼭 그곳에 방문한 것만 같은 힐링되는 느낌이 들어 종종 보게 되는 채널이기도 하다. 이러한 비주얼 채널은 유튜브의 유명한 플레이리스트 채널에서 썸네일 사진으로도 활용되며 이로부터 콘텐츠가 파생되기도 한다.

이와 같이 사람들이 몰려들고 관심을 끄는 이들에게는 '특별한' 그들만의 비주얼과 브랜딩이 된 요소가 있다. 이들은 직접적으로 '나'를 콘텐츠화하여 타인의 관심을 유도하며, 이를 통해 '내 것'을 만들고 자신을 브랜드화하는 데 성공한 것이다.

이 두 사례가 아니더라도 SNS에는 이들처럼 자신들의 강점과 개성, 아이디어로 영향력을 획득하고 이를 시장으로 연결한 사례는 얼마든지 많다. 개인의 영향력이 비교적 쉽게 자본이 되는 시대가 되었기 때문에 사람들은 소셜 플랫폼에 집중하고, 이곳에서 일상을 비주얼과 함께 콘텐츠화하며, 브랜딩을 하는 이유일 것이다. 실제로 헬로동원의 감성적인 이미지들은 가수 10cm의 뮤직비디오로 사용되기도 했다.

✷ 튀어야 산다? 튀어야 인생을 즐긴다

이처럼 요즘 사람들은 굳이 '퍼스널 브랜딩'을 하지 않아도 개인 SNS의 발달로 얼마든지 각자 개성에 맞는 비주얼로 퍼스널 브랜딩이 가능하다.

요즘의 우리는 자신의 다양한 면모를 드러내고 일상을 열심히 가꾸는 과정을 기록하기 위해 소셜 플랫폼을 활용하기도 한다. 운동 기록을 사진으로 남기면서 스스로 세운 미션을 달성했다는 자신감을 얻고 지속적으로 실천할 것을 다짐하기도 하고, 꾸준히 트레이닝해 만들어낸 자신의 모습을 바디 프로필로 기록하기도 한다. 이처럼 취미로 운동을 지속하다가 아예 운동 인플루언서가 되는 경우도 종종 있다.

이와 같은 퍼스널 컬러, 맞춤형 증명사진, 인생네컷, 포토매틱과 같은 셀프 스튜디오, 바디프로필의 유행 트렌드는 자신을 자유롭게 이미지적으로 표현하는 욕구와 수단으로서의 비주얼 브랜딩이 얼마나 중요해지고 있는지를 보여주고 있다.

이렇게 오늘날의 우리는 사진, 영상 등의 비주얼 매개체를 통해 일상의 모습을 모아 더 선명하고 입체적인 나를 그려나가고 있고, 이것은 우리의 인생을 즐기며 기억하기에 더할 나위 없이 좋은 매개체들이다. 또한 직관적으로 나를 브랜딩하는 것에도 도움이 되기 때문에 사람들이 이렇게나 퍼스널 브랜딩, 비주얼 브랜딩에 관심 있어 하는 것이 아닐까.

비주얼 브랜딩, 인플루언서에서 개인으로 이동하다

✷ 동네 얼짱, 세계의 인플루언서 되다

인플루언서가 새로운 직업으로 떠오르고, 많은 사람들이 인플루언서를 선망하며 주목하는 시대이다. 인플루언서라는 단어는 생긴 지 얼마 되지 않았지만, 인플루언서의 개념은 어느 시대건 간에 지속적으로 존재해왔다. 다만, 옛날에는 인플루언서 대신 90년대의 '얼짱'과 같은 단어처럼 그 시대의 언어가 있었을 뿐이다.

SNS 시대의 인플루언서는 단어 그대로 '영향력을 불특정 다수에게 끼치는 사람'을 말한다. 개인이 막대한 팔로워를 확보해 온라인 스토어를 운영하게 되거나, 인플루언서가 광고주들이 찾는 광고 모델이 되는 일은 이제 너무나도 자연스러운 시대가 되었다.

✷ 인플루언서, 이제 부캐로 활동하다

1세대 인플루언서가 잠재 소비자에게 막강한 영향력을 끼쳤다면 2023년 현재의 인플루언서들은 그 결이 조금 다르다. 요즘의 인플루언서는 과거의 인플루언서와는 다른 면모를 보이는 것이다. 과거에는 나 자신이 인플루언서였다면, 요즘에는 나 자신에게서 또 다른 자아를 찾아서 새로운 부캐를 설정하기도 한다. 새로운 캐릭터, 새로운 인물로서 인플루언서 활동을 하는 사람도 많아졌다. 부캐는 원래 게임에서 쓰이던 단어이지만, 요즘에는 예능 프로그램 〈놀면 뭐하니〉 같은 프로그램에서 유재석이 대표적으로 현실의 인물에게 새로운 캐릭터를 적용시켜 부캐의 개념을 현실에 맞게 재정립하여 연기하는 모습을 심심치 않게 볼 수 있다.

이에 따라 지루한 현실 속 하나의 모습으로 살아가던 사람들이 부캐에 주목하며 자신의 또 다른 자아를 찾기 시작했다. 물론 연예계를 중심으로 부캐 활동이 활발해지기 전부터 소셜미디어 세계에는 부캐가 존재했다. 본 계정은 그대로 두고 각각 목적과 용도에 맞게 부계정을 운영하는 것, 나와 내 반려동물의 계정, 운동을 기록하고 발전해나가는 나, 일본 드라마 〈고독한 미식가〉나 내 안의 백종원을 이끌어내는 미식가로서 내가 기록하는 맛집 계정 등 우리 모두 하나쯤은 가지고 있는 것이 사실은 부캐 계정이지 않은가?

EBS '자이언트 펭TV'의 캐릭터 '펭수' 또한 현실과 가상을 구분하지 않는 부캐로 큰 인기를 끌었다. 또 20~30대의 퍼스널 브랜딩에 대해서 이야기해주는 유튜버 드로우앤드류의 공간에 대한 부캐 계정인 'My Safe Space'도 원래 본 계정에서 벗어나 자유로운 상태에서 공간에 대한 다양성과 일상을 보여준다. 이를 통해 퍼스널 브랜딩에 대한 이야기를 하는 '업'으로서의 유튜버가 아닌 자유로운 일상의 삶을 보여줌으로써 부캐계정에서 다양한 자아 정체성을 표현하고 있다.

드로우앤드류 계정에서는 깔끔하게 차려입고 퍼스널 브랜딩이나 변화하는 세상에서의 직업에 대한 다양한 이야기를 해준다면(사회생활하면서 브랜딩 잘하는 법이라든지, 젊은이들이 직장생활 잘하는 법 등), 부캐 계정인 'My Safe Space(마세습이라고 부른다)'에서는 자유로운 복장으로 편안한 상태에서 고양이랑 놀며 공간에 대한 이야기를 풀어놓는다. 그래서 유저들은 이 본계정과 부캐 계정이 같은 사람일지라도 워낙 다른 분위기로 채널을 운영하므로 매우 흥미롭게 두 계정을 다 구독한다.

이렇게 부캐 채널들을 통해 새로운 자아를 발견하거나 현실에서 포기된 꿈 및 취미를 실현할 수도 있다. 이처럼 부캐, 즉 '멀티 페르소나'를 가지는 일은 퍼스널 브랜딩의 또다른 이름이다(페르소나란 고대 그리스에서 배우들이 쓰던 가면을 일컬으나 브랜딩에서는 자신을 분석하고 브랜드의 타깃 분석 시 쓰이는 개념이다. '멀티페르소나'는 여러 개의 가면이라는 뜻으로, 다중적 자아를 의미하는 용어이며, 개인이 상황에 맞게 다른 사람으로 변하여 다양한 정체성을 드러내는 것을 말한다).

✷ 나의 부캐 계정으로 퍼스널 브랜딩하는 방법

퍼스널 브랜딩, 비주얼 브랜딩을 하기 어렵거나 망설여진다면, 여기 아주 쉽게 연습해볼 수 있는 것이 있다. 바로 앞서 설명한 '부캐 계정 만들기'이다. 전 세계 소셜미디어 사용자들의 행태를 분석한 결과 한 사람당 보유한 소셜 미디어 계정은 평균 8개라고 하니 우리도 다른 페르소나의 부캐 계정을 만들어 퍼스널 브랜딩을 연습해볼 수 있다.

부캐 계정은 내가 좋아하는 분야에서 하나의 가상의 캐릭터를 만들어 활동하는 것이다. 예를 들어, 나는 맛집을 찾아다니고, 맛집에 대한 것들을 기록하며, 사람들에게 알려주는 것을 좋아한다고 가정해보자. 그럴 경우 나의 부캐는 맛집 탐방가가 될 것이다.

앞서 사례로 든 〈고독한 미식가〉가 시즌 9까지 나오고 사랑받는 이유는, '고로'라는 인물이 가진 퍼스널리티가 시청자들에게 아주 강렬한 이미지로 브랜딩되었기 때문이라고 생각한다. 그처럼 맛집을 돌아다닌다면 자신의 부캐를 한국의 맛을 잘 아는 한국의 아마추어 미식가로 상정해서 자신을 퍼스널 브랜딩하는 것도 얼마든지 가능하다.

이와 같은 부캐 계정은 비단 퍼스널 브랜딩뿐만이 아니라 기업 브랜딩에서도 자주 사용된다. 대상㈜ 청정원 브랜드의 경우, '맛카이빙'이라는 이름의 계정이 있다. 맛카이빙은 주로 청정원 제품 소개에 초점을 맞추고, 기억하고 싶은 일상의 맛있는 순간을 공유하는 계정으로 비주얼적으로 청정원의 브랜드 이미지를 제고하는 역할을 한다. 청정원에는 이 외에도 '정원이의 비밀정원'이라는 계정도 있는데, 청정원의 소식을 전달하는 역할을 한다. 여기 나

청정원 〈정원이의 비밀정원〉 SNS @chungjungone

오는 부캐 '정원'이는 아기자기한 수채화풍의 캐릭터로 노골적인 브랜드나 기업의 홍보보다는 친근하게 뉴스를 전달한다. 일종의 '비주얼 스토리텔링' 부캐 계정으로 볼 수 있다.

이처럼 개인이든 기업이든 쉽게 아이덴티티를 보여줄 수 있는 캐릭터를 생성하고, 어떤 가치나 이미지를 보여주고 싶은지 부가적인 캐릭터나 정체성을 설정해서 그것을 하나의 콘셉트나 방향성의 이미지로 풀어내면 쉽게 부캐로 브랜딩할 수 있다.

✷ 단군 이래 누구나 브랜딩하는 시대

이처럼 비주얼 브랜딩 및 퍼스널 브랜딩은 그 범위가 점점 확대되고 있다. 우리가 개인 인스타그램, 유튜브 브이로그 등을 통해 인플루언서의 일상을 이전보다 훨씬 가까이에서 접하고 있는 것만 보아도 인플루언서는 누구나 될 수 있다는 생각을 가지게 되었고, 쉽게 도전할 수 있게 되었기 때문이다. 이전 시대에 우리는 TV를 통해 유명인들의 방송만 접하는 것이 전부였다면, 이제는 해당 결과물이 만들어지기까지 어떤 관리와 준비가 필요했는지 등의 브랜딩 과정을 세세히 알게 되었고, 쉽게 휴대폰 하나로 이러한 과정들을 직접 경험해볼 수 있게 되었다. 이렇듯 인플루언서만 할 수 있는 브랜딩이 아닌 개인도 부캐 계정을 오픈함으로써 쉽게 경험해보고 확산해볼 수 있는, 단군 이래 누구나 아주 편리하게 브랜딩을 할 수 있는 시대가 도래했다.

비주얼 브랜딩 유무가 기업과 개인의 생존을 결정한다

✷ 3초 시대, 살아남으려면 강력한 비주얼이 필수

예전에는 네이버, 구글과 같은 검색 포털을 위해서 정보를 검색했다면, 요즘은 인스타그램의 해시태그로 빠르고 간편하게 검색을 하는 사람들이 많아졌다. 이러한 변화의 핵심은 텍스트로 읽히던 정보들이 보여지는 이미지로 바뀌었다는 것이다. 그래서인지 사람들은 빠르게 나의 취향을 표현하고, 타인의 취향을 이미지로 보다 직관적으로 캐치할 수 있게 되었다. 이러한 변화에 맞게 기업도 자신을 나타내는 방법을 달리하게 되었다.

과거 우리는 브랜드나 개인을 알리기 위해서 구구절절 말로 설명하고 적었다면, 지금은 많은 브랜드, 기업, 개인들이 이미지 한

장으로 우리가 어떤 정체성을 가지고 있는지를 간단하게 압축해 소개할 수 있게 되었다. 그렇기 때문에 한 장의 사진에 담기는 비주얼과 디자인이 아주 많이 중요해졌다. 비단 인플루언서뿐만 아니라 요즘 대중들은 주로 새로운 브랜드, 마음에 드는 브랜드를 발견했을 때 인스타그램 등의 SNS에서 해당 브랜드의 정보나 분위기를 확인한다. SNS가 그만큼 그 브랜드의 명함이라고 할 수 있을 정도로 새로운 고객을 유입할 수 있는 좋은 창구가 되고, 좋은 인상을 비주얼로 쉽고 명확하게 줄 수 있는 도구가 되었기 때문이다.

이처럼 SNS는 기업이나 브랜드의 비즈니스 모델이 될 뿐만 아니라, 개인이 자신의 미디어 브랜드로서 쉽게 자립할 수 있도록 도와준다. 이러한 소셜 플랫폼에서 비주얼 브랜딩이 잘 되어 있으면 고객의 시선을 한 번 더 머물게 할 수 있고, 브랜딩의 기본 요소인 타인, 혹은 타 브랜드와 차별화된 고유의 특별함을 만들 수도 있게 된다. 강력한 비주얼이 동반된 이미지 몇 개로 나를 잘 표현하고 알리며 쉽게 매력을 어필하는 시대가 가능해졌다. 그렇다면 어떻게 매력적이고 재미있는 비주얼, 이미지를 만들 수 있을까? 나는 아래의 3가지를 제안한다.

✷ 1. 나다움으로 승부하라

아주 평범한 이야기라고 생각할 수도 있지만, 나는 무엇을 좋아하고, 무엇을 잘할 수 있으며, 어떤 삶을 살고 싶은지, 그 방향성이 맞는 방향성인지, 즉 자기다움에 대해서 깊이 고민하고 답하는 시간은 개인의 브랜딩 및 기업 브랜딩에 있어 필수적이다. 이 부분에 대한 끊임없는 고민과 방향 설정은 브랜딩에 있어서 로드맵을 만들며, 내가 지향하는 이미지에 대해 지속 가능한 성장이 될 수 있게끔 한다. 이는 단순히 퍼스널 브랜딩뿐만 아니라 기업 브랜딩에서도 동일하게 적용되는 룰이다.

'나는 누구인가?', '나여야만 하는가?', '왜 나여야 하는가?' 하는 질문은 브랜딩의 시작, 그리고 존재의 이유를 밝히는 데 있어서 가장 심플하면서도 강력한 질문이다. 이와 같은 질문은 나에게 '어떤 것을 잘하는 사람, 어떤 일을 전문적으로 하는 사람'과 같은 정체성을 만들어 준다. 그리고 이와 같은 단순명료한 정체성은 스스로를 직관적이면서도 손쉽게 비주얼화하여 SNS에서 자연스럽게 비주얼 브랜딩으로 풀어나갈 수 있게 도와준다.

✷ 2. 나만의 상징 요소를 만들어라

우리는 일상 속에서 상징 요소를 보고 각각의 회사나 브랜드를 구분한다. 스타벅스는 반인반수 바다요정 세이렌의 얼굴, 퍼스널 브랜딩 유튜버 드로우앤드류는 초록색, 프릳츠 커피는 물개 캐릭터, 뉴닉은 고슴도치 등. 이렇게 브랜드를 말하면 바로 생각나는 이미지들이 있다. 이처럼 브랜드만의 변별성을 드러내는 차별화된 상징 요소는 비주얼 브랜딩에 있어 강력한 한 방이 된다.

상징 요소는 주로 고객들이 회사나 제품, 서비스를 접할 때 처음 듣는 것들이다. 이 첫 번째 경험을 토대로 고객들이 나의 브랜드, 혹은 기업을 인지하고 다른 경쟁사들과 구별할 수 있도록 하는 것이 중요하다. 상징 요소를 비주얼적으로 표현할 때에는 로고, 캐릭터를 만드는 것이 좋다. 프릳츠 커피의 로고인 물개가 프릳츠 커피의 상징 요소로 자리 잡은 것처럼 말이다.

기업들은 브랜딩을 위해서 이렇게 캐릭터나 그래픽 등으로 상징 요소를 만들지만, 간단하게 퍼스널 브랜딩에서는 업로드하는 이미지의 색상이나, 작게는 시그니처 포즈, 혹은 이미지를 만들어도 좋다. 비주얼 브랜딩에서 예로 들자면, 유튜브에서 여러 커버 음악을 볼 수 있는 요즘, 측면 얼굴에 포니테일만 보여줌으로써 상징적인 비주얼을 만들어 커버 음악을 부르는 '제이플라'라는 유튜버가 있다. 초반에 앞모습 등 다양한 모습을 보여주는 콘텐츠일 때는 반응이 적다가, 어느 순간 하나의 상징적인 오른쪽 얼굴, 포니테일의 시그니처 헤어스타일을 고수하며 썸네일과 영상들을 만들었고, 이는 대중들로부터 흥미를 이끌어냈다. 측면 얼굴만 보여주는 제이플라만의 상징 요소를 만들어 많은 커버 유튜버들 사이에서 하나의 특이한 점으로 대중들에게 확산이 되어 팔로워가 엄청나게 증가했다.

이렇듯 상징 요소는 흥미를 이끌어 대중들에게 나, 혹은 나의 브랜드를 전할 기회를 만들어주기 때문에 더 큰 의미가 있다. 브랜드의 정체성을 알리면서, 고객과 브랜드를 연결할 나만의 상징 요소는 무엇이 있을지 생각해보자.

커피브랜드 프릳츠의 상징 요소. 프릳츠의 상징 요소인 물개는 로고뿐만 아니라 SNS, 상품 안에 다양하게 녹여져 있다.

✷ 3. 나를 나타낼 수 있는 색상, 이미지를 정하라

'노란색' 하면 어떤 기업이나 브랜드가 떠오르는가? 나는 주로 일상생활에서 많이 사용하는 카카오톡이 떠오른다. '보라색' 하면 마켓컬리, '초록색' 하면 스타벅스가 떠오른다.

위와 같은 브랜드들처럼 일관성 있게 브랜드 컬러를 정해서 SNS에서 비주얼적으로 색상을 전개해 보여줄 수 있다면, 고객들은 나의 브랜드를 쉽게 인지할 수 있고 브랜드 이미지도 강력해진다.

색상뿐만 아니라 폰트도 브랜드의 이미지를 강력하게 만드는 힘이 있다. 폰트로 브랜딩을 하는 대표적인 회사로는 현대카드, 배달의 민족을 꼽을 수 있다. 특히 배달의 민족은 서체를 직접 제작하여 회사 내외부적으로 꾸준히 사용하고 있고, 심지어 폰트를 배포하여 다양한 사람들이 이 서체를 경험할 수 있도록 한다.

기업들이 SNS 비주얼 브랜딩을 진행할 때에도 잘 살펴보면 특정 폰트를 지정하여 모든 문서와 채널에 일관되게 활용하고 있는 것을 볼 수 있다. 이와 같이 고유한 폰트, 그리고 색상의 일관적이고 지속적인 사용은 비주얼적으로 고객들에게 '이 브랜드는 이런 느낌이구나!'라는 강한 인식을 줄 수 있다. 또한, 이것은 강력한 브랜딩을 위한 시작점이 된다.

✷ 잘 키운 비주얼 하나가 기업 전체를 먹여 살린다

브랜딩 중 가치의 최대화가 이루어지는 지점은 바로 비주얼 브랜딩 단계이다. 현 시대의 기업은 상품을 파는 것이 아니라 이미지, 즉 비주얼을 판매한다. 비주얼은 직관적이기 때문에 브랜딩 중 비주얼의 영역을 잘 확립하면, 잘 키운 '효자' 브랜드가 되어 이 하나의 브랜드가 기업 전체를 먹여 살리는 예를 심심치 않게 발견할 수 있을 정도로 비주얼 브랜딩은 개인뿐만 아니라 기업에도 매우 중요한 부분을 차지한다.

브랜드를 형성하는 요소에는 마케팅, 광고와 같이 판매로 직결되는 것도 있지만, 이 요소를 모두 아울러 직관적이고 짧은 시간 내에 감각적으로 표현하는 것은 비주얼 브랜딩이다. 소비자는 기업의 활동을 로고나 패키지, 광고 이미지 등을 통해 단편적으로 접한다. 소비자가 보고 느끼는 것은 브랜드에 대한 이미지나 제품, 그리고 이를 시각적으로 드러낸 디자인이다.

소비자들에게 전달되는 언어는 문자나 말이 아닌 시각적 비주얼이기 때문에 브랜드에서 비주얼 브랜딩 전략과 디자인은 중요할 수밖에 없다. 고객, 혹은 잠재적 소비자가 브랜드를 만드는 다양한 곳에서 비주얼은 기업이나 인물의 정체성에 일관된 이미지를 부여하며 힘을 가진다. 좋은 비주얼을 가지고 일관되게 이미지를 구축해 나가는 비주얼 브랜딩은 브랜드의 가치를 높이는 것은 물론 힘을 실어주는 역할을 한다. 잘 만든 신뢰 이미지 이상으로 비주얼을 통해 감각적이고 매력적이게 시장에서 나, 혹은 기업을 어필할 수 있기 때문에 비주얼 없이 브랜딩은 존재할 수 없다. 이른바, 브랜딩 유무가 기업과 개인의 생존을 결정하는 시대이다.

2장

사람들이 모여드는 **비주얼 브랜딩 기획 노하우**

트렌드 리더, 인디펜던트 워커들이 주시하는 비주얼 브랜딩이란?

✷ 왜 누구는 쉽게 잊혀지고 누구는 강하게 남는가

어떤 사람들은 쉽게 잊혀지고, 어떤 사람은 잠깐 만났을 뿐인데 인물에 대한 인상이 강하게 남는다는 느낌을 받으며, 자꾸 생각이 나는 경우가 있다. 자꾸 생각나는 사람들의 특징은 자신의 매력과 장점을 정확하게 알고 있고, 주변과도 조화로운 태도를 유지하는 아우라가 있다는 점이다. 이들은 퍼스널 브랜딩이 잘 되어 있는 사람들이라고 할 수 있다.

코로나19 이후 디지털로의 전환이 빠르게 진행되었고, 요즘은 연예인, 정치인뿐만 아니라 전문직, 운동선수, 셰프, 커피숍 오너 등 여러 사람들이 자신의 모습을 특별하게 만드는 퍼스널 브랜딩에 심혈을 기울인다. 그중 특히 비주얼 부분인 스타일링, 헤어, 의상, 컬러 등으로 고유의 인상을 만드는 비주얼 브랜딩은 자신의 매력을 온라인, 그리고 오프라인상으로 드러내고 스스로를 시각적으로 잘 나타내며, 이는 사람들이 모여들고 전파되게 만든다.

《VOGUE》 2022.7월호.
표지를 장식한 지드래곤. 샤넬 2021/22 공방 컬렉션을 특유의 몽환적인 스타일로 완벽하게 소화했다.

✷ 사람들이 모여들고, 기억하며, 사랑하는 비주얼 브랜딩

퍼스널 브랜딩에 있어서도 특히 비주얼은 나 자신을 직관적으로 쉽게 드러낼 수 있는 강력한 요소이기 때문에 많은 트렌드 세터들과 인디펜던트 워커(어디에도 소속되지 않고 자신의 일과 방향을 스스로 결정하는 사람)들이 대체 불가능한 사람이 되기 위해서 주시하며 고민하는 중요한 부분이다.

나라는 인물을 잘 기억하게 할 컬러와 이미지들을 만들어 반복적으로 인식시킬 비주얼 전략을 치밀하게 세운다. 그러면 고객이나 내가 타깃으로 하는 인물들을 상대로 경쟁자들과 차별화되는 가치와 매력을 인식시키는 데 있어 비주얼 브랜딩의 효과는 강력해진다. 이렇게 차별화된 비주얼, 매력들을 일관성있게, 지속적으로, 긴밀히 보여주게 되면 사람들은 나에게 모여들고 기억하며, 사랑할 수 있게 된다.

2장에서는 사람들이 모여드는 비주얼 브랜딩의 예시들을 살펴보며 CEO, 전문직, 취준생 등 각계각층의 비주얼 브랜딩이 잘된 사례들과 함께 일반인들도 쉽게 적용할 수 있는 법을 살펴본다.

비주얼 시그니처에는 힘이 있다

✷ 신사임당은 왜 검정 티셔츠만 입었나?

시그니처(signature)란 특징을 이야기한다. 비주얼 시그니처란 나를 떠올렸을 때 바로 그려지는 모습이라고 할 수 있다. 비주얼 브랜딩에서는 이 비주얼 시그니처를 일관되게 기획하고 반복하여 지속하는 것이 제일 중요하다. 상대방에게 나라는 존재를 각인시킬 수 있는 시그니처를 만들어 표현하는 것이기 때문이다. 시그니처는 컬러, 패션, 비주얼, 메시지, 키워드 등 다양하게 설정할 수 있다. 하지만 디지털 시대를 살아가는 우리에게는 비주얼 시그니처가 가장 효과적이고 직관적이다. 이러한 시그니처는 자신이 가지고 있는 스토리나 속해 있는 분야에 적용해 보면 보다 쉽게 각인될 수 있다.

한 예로 경제 유튜버 신사임당의 경우 채널을 보면 단조로운 검정 티셔츠나 셔츠를 입고 나온다. 전달하는 메시지와 어울리지 않게, 담백해 보이는 그의 셔츠와 블랙컬러의 시그니처룩은 호감을 얻으며 채널의 상승을 도운 요소 중 하나일 것이다. 또한, 다양한 영역의 종사자들과 인터뷰하는 형식으로 인터뷰 대상을 더 부각시키기는 컬러이기도 하다.

컬러가 인간의 행동에 무의식적으로 미치는 영향에 초점을 둔 색채 심리에서 검정색은 비즈니스와 럭셔리를 의미한다. 창업 그리고 돈에 대한 인터뷰를 차별화된 콘텐츠로, 그러면서도 무게감 있는 색다른 컬러로 입지를 다졌다고 할수 있다.

유튜버 신사임당, 경제 유튜버 신사임당은 검정 티셔츠로 자신만의 고유한 비주얼 시그니처를 만드는 데 성공했다.

✷ 컬러 브랜딩의 대표주자, 드로우앤드류

일관된 컬러를 사용함으로써 나라는 사람, 혹은 나의 콘텐츠를 사람들에게 인지하고 인식하도록 하는 것은 비주얼 브랜딩에서 가장 쉬운 방법이라고 할 수 있다.

앞서 언급했던 유튜버 중 퍼스널 브랜딩, 좋아하는 일만으로도 충분히 행복할 수 있는 방법에 대해서 이야기하는 '드로우앤드류'라는 유튜브 채널이 있다. 이 채널을 보면 유튜브 썸네일의 배경, 드로우앤드류가 입고 있는 옷의 색, 프로필 사진의 배경, 심지어는 책의 표지까지 같은 초록색을 사용한 것을 볼 수 있다.

럭키 드로우 표지의 드로우앤드류(다산북스, 2022). 드로우앤드류는 자신의 저서 《럭키 드로우》(다산북스, 2022) 표지에 자신의 시그니처 컬러인 초록을 썼다. 이 책 역시 출간 즉시 베스트셀러에 오르는 등 많은 이들의 사랑을 받았다.

노란색이 많이 섞여 있는 초록색을 이 인물의 퍼스널 브랜드 대표 컬러로 사용하고 있는데, 이러한 컬러는 해당 유튜브가 타깃으로 하는 MZ세대들에게 퍼스널 브랜딩을 통해 나아갈 수 있다는 믿음과 희망적인 조언을 주는 콘텐츠와 맥락을 같이한다. 따뜻한 톤의 초록색은 해당 유튜버 앤드류와도 잘 어울리고, 온화하고 친근한 느낌을 주기 때문에 같은 퍼스널 브랜딩 채널이더라도 드로우앤드류 채널을 더 자주 찾게 된다.

✷ 컬러 선정은 어떻게 해야 할까?

그렇다면 컬러는 어떻게 선정해야 할까? 나의 얼굴 톤과 잘 어울리는 퍼스널 컬러를 사용해도 좋고, 내가 누구인지, 혹은 전달하고자 하는 메시지의 방향성에 따라서 생각해보고 결정해야 한다. 내가 사용하고 싶은 색, 혹은 비슷한 이미지의 경쟁자가 어떤 색을 활용하는지도 확인해보고, 이와 겹치지 않게 차별화된 컬러나 유사한 색상에서 톤이 다른 색을 선택할 수도 있다.

아주 다양한 색상들이 있기 때문에 어떤 색을 골라야 할지 어렵다면, '컬러헌트(https://colorhunt.co)'라는 색상 선택과 조합에 특화된 홈페이지를 참고하면 된다. 컬러헌트에서는 키워드별로도 다양한 색상 배합들을 제공하니 이러한 컬러 사이트를 적극 이용하자.

컬러헌트에서 제시하는 색 조합을 참조하면 크게 실패하지 않고 컬러를 배합할 수 있다.

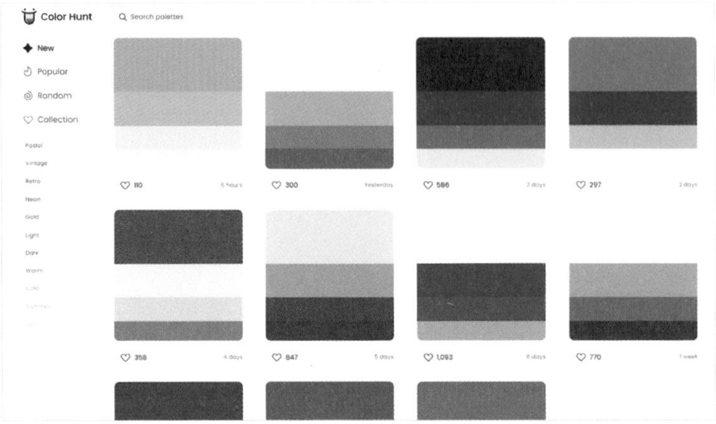

컬러헌트 메인 화면(https://colorhunt.co/)

✷ 다양한 부캐들의 비주얼 시그니처

이 외에도 유튜브에서 활동하는 개그맨 김해준의 부캐 '까페사장' 최준은 특유의 체크무늬 남방과 쉼표 헤어스타일을 비주얼 시그니처로 만들어 '준며드는' 느끼하면서도 끊지 못하는 매력을 뽐낸다.

또한, 화려한 로고가 반짝이는 티셔츠와 로고플레이의 벨트, 과도한 세팅으로 떡진 샤기컷 헤어스타일을 시그니처 스타일로 고수하는 개그맨 김경욱의 '다나카상'은 그가 가장 멋있다고 생각하는 일본 남자의 스타일을 따왔다고 한다. 일관되게 4년 동안 이런 콘텐츠와 스타일을 고수했다고 하는데, 이런 일관성 있는 다나카상의 비주얼 브랜딩은 그의 매력을 더욱 상승시켜 준다.

또한 앞서 언급했던 천만 구독자의 귀를 사로잡은 커버송 아티스트 제이플라는 채널에 상반신의 오른쪽 얼굴, 그리고 포니테일의 시그니처 스타일만을 고집하여 자신만의 비주얼 브랜딩을 만들어 다른 커버송 가수와 견주었을 때 비교적 빠르게 천만 유투버가 되었다.

이들의 공통점은 빠르게 캐치할 수 있는 포인트가 있는 본인들만의 시각적 특색을 갖추었다는 것, 그리고 그 비주얼 시그니처를 오랫동안 유지하여 콘텐츠를 만들고 일관성을 유지해 대중들 눈에 해당 캐릭터를 각인시켰다는 것이다.

100세 시대, 세련된 비주얼 브랜딩이 소셜 포지션을 보여준다

✷ 100세 시대의 도래

시대의 흐름에 따라 평균수명이 높아지면서 2022년 통계청 기대수명에 따르면 여자 88세, 남자 79세로 평균수명이 83세에 달한다. 이와 같은 평균수명의 증가는 전 세계적으로 비슷하게 진행되고 있다.

현재 우리는 주로 20대 후반 즈음 취업하여 50대 초반까지 사회활동을 해오고 있는데, 일정 나이 이후에는 퇴직금이나 연금을 활용하여 투자, 자영업이나 재취업 등의 생산활동을 하고 있다. 하지만 과거에는 평균수명이 낮았기 때문에 이와 같은 퇴직 후 생산활동이 필수적이지 않았지만, 현재는 평균수명이 늘어남에 따라 긴 시간을 더 살아감에 있어 이에 필요한 자본 확보가 필수가 되었다.

내가 회사에 다녔을 때, 여러 가지 이유로 많은 40~50대 남성들이 퇴직으로 내몰리는 상황들이 종종 있었다. 이렇게 회사를 나가는 40~50대들은 재취업이 어려워 사업을 시작했던 분들도 있었고, 이들 중 상당수는 사업을 이어가지 못하고 금세 망하는 것들을 봐왔다. 이름만 대면 다들 아는 회사에 다녔던 임원이 정년퇴직을 하고, 결국은 퇴직금으로 자영업을 하다가 사업을 유지할 수 없는 상황이 종종 발생하는 것을 심심치 않게 본다.

하지만 단순히 어디 회사에 누가 아닌, 나이에 관계없이 지속적으로 나를 표현하고 대표할 수 있는 퍼스널 브랜드를 만들면 이러한 상황들과 상관없이 길게, 지속적으로 일을 해나갈 수 있다.

✷ 1년 차보다는 10년 차가 각광받는다

코카콜라, 스타벅스, 나이키 등을 생각해보자. 이러한 브랜드들의 공통적인 특징이 있다면 시간이 지날수록 쇠퇴하는 게 아닌, 역사적으로 깊고 밀도 있는 브랜드가 되어간다는 사실이다. 일반 브랜드뿐만이 아니라 퍼스널 브랜딩도 마찬가지다. 예를 들어, 1년 차 디자이너와 10년 차 디자이너가 있다고 하자. 같이 일하거나 일을 주려면 1년 차보다는 오래 일한 사람을 선호하는 것처럼 100세 시대에 나이는 단지 숫자가 아닌 연륜 있는 스펙으로 자리 잡게 될 것이다.

✷ 2030의 새로운 롤모델, 밀라논나

2030세대에게 새로운 롤모델로 떠오른 유튜버 밀라논나 할머니가 있다. '밀라노 할머니'라는 뜻인데, 할머니는 살아오면서 지혜랄 건 없고 삶의 팁 정도는 알려주면 젊은이들에게 힘이 되지 않을까 해서 유튜브를 시작하게 되었다고 한다. 하지만 남다른 패션 감각과 이를 멋지게 소화하는 모습에서 밀라논나의 철학과 센스가 특별하게 느껴진다.

그녀는 실제로도 한국 최초 밀라노 패션 유학생이었으며, 페라가모, 막스마라 등 유명 브랜드를 한국에 론칭한 화려한 이력을 소유한 능력자이다.

이런 경력을 지닌 화려한 삶의 소유자이니 나이 드는 것을 숨길 법도 한데, 밀라논나는 나이 드는 모습을 부정하지 않고 자연스럽게 받아들이면서 세월에서 풍기는 멋을 드러낸다. 스스로 머리를 자르고, 노화를 지연하거나 부정하려는 검정 염색 머리를 하지 않으며, 그냥 흰머리를 유지하는 모습이 인상적이다. 또한 아침마다 운동하는 습관, 철저한 식습관 관리 등의 리추얼 라이프를 유튜브로 공개하며 죽을 때까지 변화하면서 살고 싶다는 밀라논나의 말에서는 우리는 나이가 들어도 멋지게 살아갈 수 있다는 믿음을 갖게 된다.

밀라논나의 영상들에는 이러한 나이듦에 대한, 어떻게 해야 잘 늙을지에 대한 어떤 지향점이 새롭게 제시되어 있다. 자신의 역사가 밴, 오래 쓴, 쓰임이 좋은 낡은 물건들을 고스란히 보여줄 때 그녀만의 숨겨진 비주얼 시그니처들이 빛남을 확인할 수 있다.

(밀라논나, 《햇빛은 찬란하고 인생은 귀하니까요: 밀라논나 이야기》, 김영사, 2021.) 밀라노 할머니 밀라논나, 자연스럽게 나이 드는 것이 주는 아름다움으로 젊은이들의 사랑을 받고 있는 패셔니스타 밀라논나

✷ 저렇게 우아하게 늙고 싶어

한국 배우 최초로 오스카상을 탄 배우 윤여정을 두고 MZ세대들은 저렇게 늙고 싶다고 이야기한다. 세계적인 상을 수상하기도 했지만, 여러 TV 프로그램들에서 보여주는 특유의 입담과 여유로운 태도는 그녀의 연륜을 느낄 수 있게 한다. 윤여정의 지그재그 광고만 봐도 그렇다. '니들 마음대로 사세요'. 해당 광고에서는 유행을 따라하기보다는, 누구보다 나 자신을 중요하게 생각하고, 가치소비를 중요하게 여기는 MZ세대의 특성에 걸맞는 메시지와 윤여정만의 이미지를 보여준다. 누구를 따라 하기보다 남들 신경 쓰지 않고 자신만의 방식으로 삶을 사는, 그러면서도 권위를 벗은 그녀의 태도에 사람들은 열광한다.

씨네21(2021년 4월호) / PRESTIGE HONGKONG(2022년 3월호) / Dazed Korea(2017년 7월호) 윤여정 커버

오스카상 수상 후 귀국길에 오른 윤여정의 공항패션은 파격적이다. 70대의 나이에도 청바지와 항공점퍼를 입은 스타일만 봐도 윤여정의 꼰대스럽지 않은 세월의 통찰력을 보여주는 것 같다. 특히나, "젊은 사람들이 센스가 있으니 그들의 얘기를 들어야 한다" 등의 이야기를 하던 윤여정의 어록은 요즘 나이든 어르신들의 꼰대스러움이 묻어있지 않다. 이런 시니어들은 많은 세대의 공감과 지지를 얻는다.

✷ 시니어의 비주얼 브랜딩

새로운 시니어들은 더 이상 '노인다운' 패션을 거부한다. 그들은 젊고 자유롭고 스타일리시해지고 싶어 한다. 나이대에 따라 특정 브랜드를 입어야 하는 것이 규칙 같았던 시절도 있었다.

하지만 이제는 MZ세대가 '그래니룩'이라는, 할머니가 입을 법한 패션을 현대식으로 해석해서 입기도 하고, 반대로 앞서 말했던 윤여정의 경우는 30살이나 어린 배우 김민희에게 패션 조언을 얻고 스키니진을 즐겨 입는다고 인터뷰하기도 했다.

해외로 눈을 돌려보자면, 미국의 대표적인 고령의 패션 아이콘,

아이리스 아펠은 100살을 기념하여 H&M과 콜라보해 의상 컬렉션을 발표하기도 했다.

아이리스 아펠은 심미적으로 아름다운 모습을 가지고 있지는 않지만, 본인만의 확고한 스타일이 있다. 두껍고 검은 안경테에 화려하고 채도가 높은 색상의 의상과 볼드한 액세서리들을 주로 착용한다. '색상은 죽음도 일으킬 수 있다'라고 말한 그녀의 말처럼, 자신이 누구인지 그리고 어떻게 되고 싶은지를 표현하면서 즐기는 스타일이 멋진 새로운 시니어이다.

미국의 대표적인 고령의 패션 아이콘 아이리스 아펠, 자신만의 매력과 시그니처인 안경, 화려한 컬러로 100세의 나이에도 비주얼 브랜딩이 멋진 미국의 아이리스 아펠

전문가라면
감성 이미지를 셋업하라

✷ CEO, 스타트업 대표 비주얼로 메시지를 전달

기업을 대표하는 CEO나 스타트업의 대표는 실제로 그 기업을 홍보하는 광고판이나 마찬가지다. 어떤 옷을 입었는지, 어떤 표정을 지었는지, 어떤 매너나 태도를 지녔는지가 늘 그들의 직원이나 회사 외부 사람들에게 관심사가 되기 때문이다.

CEO, 회사의 대표는 곧 기업의 이미지와 연결된다. 또한 그에 따라 회사의 매출도 영향을 받는다. 최고 경영자는 단지 비주얼로만 승부하는 것이 아니라 마음가짐과 행동이 같이 어우러져서 기업의 이미지를 구축하고, 문화를 형성한다. 따라서 CEO는 오로지 경영만 잘하는 게 중요한 것이 아니라, 타인에 대한 존중과 배려가 있는 스타일을 습관화할 필요가 있다.

일례로, 카카오의 김범수 의장 같은 경우, 정장과 따뜻한 색상의 니트를 자주 매칭함으로써 상남자와 같은 외모를 니트 소재로 푸근하게 중화시켜 주는 스타일링을 자주 한다. '기술과 사람이 연결되는 서비스' 하면 자칫 날이 서 있거나 차가운 이미지를 줄 수 있는데, 카카오라는 기업이 가지고 있는 컬러와 본인의 인상을 잘 파악하여 의상의 컬러나 소재에 대입해 다소 거칠 수 있는 인상을 중화시켜준다.

✷ 대표의 스타일이 곧 회사의 스타일이 된다

스타트업의 경우, 회사의 특성상 대표가 캐주얼한 패션으로 언론에 등장하는 경우가 많다. 스타트업 초기의 경우 젊음, 패기 등의 상징으로 티셔츠나 후드를 입고 대표가 언론에 서는 경우를 많이 보아 왔다. 하지만 아무리 스타트업이라 할지라도, 대표는 회사의 성장 가능성과 전문적인 느낌을 전달하여 신뢰감을 구축하는 작업이 필요하다. 중요한 자리에 있는 만큼 큰 책임감을 가진 무게감 있는 스타일링, 비주얼을 만들어야 한다.

인공지능 헬스케어 회사 루닛의 서범석 대표는 회사를 키워오는 6년 차까지 IT업계에서 주로 많이 입는 회색 후드티, 캐주얼한 룩을 자주 입어왔다. 하지만 인공지능, 그리고 암 진단을 하는 회사 특성상 좀 더 전문적이고 신뢰할 수 있는 이미지가 필요했다. 회사가 폭발적으로 성장하는 단계에서 그는 스타일링에 차별화를 주기 시작하여 신뢰감이 있는 젊고 전문적인 의사 출신 스타트업 대표로 이미지 정착에 성공하였다.

변화된 비주얼 룩에서는 전문적인 느낌을 줄 수 있는 안경, 체형에 맞는 의상, 어필하고자 하는 전략에 따라 컬러와 소재 등을 달리하여 대표가 말하고자 하는 전문적인 의사, 똑부러지는 젊은 이들이 만든 인공지능 회사라는 메시지를 스타일적으로 바꾸어 비주얼 브랜딩하였다.

✷ 의사, 변호사 등 전문직의 비주얼 브랜딩은?

사회 통념상 전문직이라고 하면 체계화된 전문지식을 갖춘 사람, 특별한 교육을 받고 일반인이 할 수 없는 복잡한 업무를 수행한다는 점을 들 수 있다. 이전에는 일단 의사, 변호사같이 전문직이라면 이미 전문직이라는 타이틀만으로도 사회적 특권과 평균 이상의 차별화된 수입이 보장되었다.

하지만 요즘은 인터넷 검색만 해봐도 블로그, 인스타그램, 유튜브 등에서 이런 전문직들이 다수 존재한다. 적극적으로 자신의 전문성을 팔아야 하는 시대가 도래한 것이다.

전문직의 경우 신뢰와 세련된 접근, 전문 직종에 대한 높은 이해도, 경험에서 축적된 날 선 분석과 판단력을 보여주는 비주얼이 필요하다.

하지만 실상 현재 유튜브를 찾아보면 변호사들은 기본적인 정장, 의사들은 가운을 입고 차별화가 되지 않는 경우가 많다. 주로 일할 때 입는 옷과 전문 분야의 일상적인 의상을 착용한 채 출연한다. 하지만 전달하고자 하는 메시지에 따라서 전문가가 수행하는 무형의 서비스와 고도의 전문성, 즉 '신뢰'를 차별화된 비주얼로 만들어서 표현해야 한다.

비뇨의학과 전문의 홍성우(유튜브명 꽈추형) 원장은 유튜브에서 본인의 전문인 비뇨기과의 특성을 띤 붉은색 옷을 많이 입고 등장한다. 어렵고 다가가기 조심스러운, 대놓고 이야기하기 쉽지 않은 성적인 내용을 보다 쉽고 친근하게 설명해주며, 의상도 니트나 후드 등 캐주얼하게 입고 등장한다.

이와 같은 친근한 스타일링과 그의 재미있는 입담을 통해 대중들은 고민을 쉽게 털어놓고, 그의 병원에도 편하게 내원할 수 있도록 셀링 포인트를 만든 것이다.

비뇨의학과 전문의 홍성우. 의사 특유의 가운도 입지만, 좀더 의학 정보를 전달함에 있어 쉽고 편안한 룩과 특징적인 컬러를 사용하여 메시지를 전달하는 의사 홍성우

취준생, 면접 준비생이라면 이것만은 알고 가자

✷ 면접 전날 나를 가장 고민에 빠뜨린 것은 의상이었다!

브랜딩의 시대, 나라는 브랜드에는 각자의 스토리텔링이 필요하다. 특히나 취업 준비생들은 기업에서 면접을 볼 때나 이력서를 쓸 때 자신을 소개해야 하는데, 다른 지원자들과 구분되게 차별화된 스토리텔링이 담겨 있어야 하고, 그것이 지원하는 기업이 원하는 차별성과 결을 같이 할 때 취업의 확률이 올라간다.

내가 취준생이었을 때, SM Entertainment의 비주얼 디렉팅 팀 부서에 면접을 보러 간 적이 있다. 음반 앨범 디자이너가 되고 싶었던 나는 엔터테인먼트의 디자인 부서에 지원을 했었는데, 특이하게도 SM에서는 디자인팀이 아닌 비주얼 디렉팅 팀이라고 부르고 있었다.

면접 전날까지 어떤 옷을 입고 가야 할지 고민을 하며 인터넷으로 SM엔터테인먼트에서 실제 근무하는 사람들의 복장은 어떠한지, 어떤 기업문화를 가지고 있는지, 그 외에도 업계의 특성을 생각하며 입을 의상을 고민하다가 전날 저녁에 면접 의상을 구입하게 되었다. 아무래도 이름이 디자인팀이 아닌, 비주얼 디렉팅팀인 게 마음에 걸렸다. 깔끔하게 검정 투피스 정장을 입을 것인가, 그래도 비주얼을 디렉팅한다고 하는 부서인데 디자이너적인 요소가 있는 정장과 트렌디함을 접목한 옷을 입고 갈 것인가를 내내 고민했던 기억이 있다.

✷ 지금 입고 있는 옷의 콘셉트를 설명하라니

결국 깔끔함보다는 회색 트위드에, 칼라에 작은 원석이 달려있는 포인트가 있는 재킷, 그리고 3겹으로 레이어드 되어 있는 블랙 치마를 사서 입고 면접에 임했다.

아니나 다를까, 면접 질문 중 팀 이름이 비주얼 디렉팅인데 입고 온 면접 의상에 대해서 설명을 해보라는 질문이 있었다. 설명할 것이 없는 검정 투피스를 입고 온 어떤 지원자는 별 귀걸이에 포인트를 둔 스타일링이라며 스타 양성소에 맞게 별 귀걸이를 하고 왔다고 답하기도 했다. 또 다른 남성 면접자는 급하게 양복을 빌려 입고 왔는지 질질 끌리는 힙합바지 같은 정장 바지를 입고 와서 야단을 맞기도 했다.

여기서 나는 '무작정' 열심히 해보겠다고 생각하기보다 '어떻게' 열심히 해보겠다고 하는 사람인지 방향성을 제시하고 강조하는 게 중요하다고 생각했다. 그래서 나는 디자이너이지만 입사를 하게 된다면 팀의 이름처럼 SM의 비주얼을 책임지고 그에 맞는 태도와 모습이 중요하다고 생각하므로 디자인과 포인트, 디테일이 있는, 조금은 디자인된 의상을 입고 왔다고 설명했다.

그 답변 덕분인지 나는 최종 합격할 수 있었다. 내가 그 면접으로 얻은 교훈은 하나다. 가고 싶은 곳에 대한 고민, 내가 일할 곳의 업무적 특성과 어떻게 보여야 하는지를 조금만 고민하고 그것에 약간의 비주얼 디테일적 차별화만 줘도, 면접에서 유리한 위치를 차지할 수 있다는 점 말이다.

✷ 전략은 지원하는 회사마다 달라야 한다

그러나 이런 나의 결론이 모든 기업에 적용되는 부분은 아니다. 나는 스타벅스 코리아에 디자이너로 지원해 면접을 보았을 때는 스타벅스 코리아만의 특색을 찾아서 면접 시 비주얼 메이킹을 하기도 했다.

당시 스타벅스 코리아는 신세계 계열사로, 삼성 출신의 70대 대표님과 면접을 해야 하는 상황이었다. 여기서는 깔끔한 블랙 투피스 정장에 브로치, 액세서리 등으로 포인트를 줘서 바르고 깔끔한 인상에 디자이너적인 디테일을 추가했다. 퍼스널 컬러에 맞춘, 채도가 높고 비비드한 작은 귀걸이, 반지 등을 착용하고 톤 다운이 된 헤어 컬러에 반묶음 헤어 스타일링으로 단정한 느낌을 줌으로써 대기업 문화에 맞지만, 또 디자인을 잘 해나갈 수 있어 보이는 비주얼 브랜딩을 선사했다.

물론 나를 지우고 무조건 지원하는 회사에 맞춘 비주얼 브랜딩을 하라는 이야기는 아니다. 하지만 비주얼 브랜딩은 결코 하루만에 만들어지는 것은 아니기 때문에 나다움, 나만의 철학을 바로 세우고 그에 맞는 비주얼 정체성을 만들었다면, 그 안에서 내가 지원하고자 하는 회사의 특성에 맞게 약간의 변화를 줌으로써 해당 포지션에 대한 적격자가 될 수 있다.

나는 디자이너로 시작했기 때문에 크리에이티브한 디자이너로 다재다능한, 추진력이 있는, 다양한 경험을 한 것을 키워드로, 한 분야뿐이 아닌 다양한 분야의 디자인을 할 수 있는 것을 나의 디자이너 브랜드 스토리로 설정했다.

따라서 그 안에서 비주얼 스펙트럼을 만들어내 스타일의 범주 내에서 단정하게 보여야 할 대기업부터 톡톡 튀는 크리에이티브를 보여주는 스타일까지를 회사에 맞게 비주얼로 준비한 것이다. 물론 이 외에 개인의 역량, 태도도 중요하다. 하지만 이에 맞는 비주얼 브랜딩까지 되어 있다면 면접의 기회와 입사의 확률은 높아질 것이다.

【취준생, 면접 준비생을 위한 비주얼 브랜딩 체크 리스트】

- **지원하고자 하는 회사의 내부 가치, 인재상에는 어떤 것이 있는가?**

  ex) 하이브 – 스스로의 높은 기준으로 최고의 결과를 만드는, 끊임없는 개선을 시도하고 긍정적 시각을 가진 사람

  애플 – 협동 능력, 창의성, 호기심, 전문성 등

- **나의 장점, 특징과 연결시킬 수 있는 회사의 가치는 어떤 것들이 있는가? 연결시켜 스토리를 만들어 보자.**

- **지원하는 회사의 사람들은 어떤 옷을 입고 다니는가?**

  ex) 개성을 표현할 수 있는 자유 복장을 추구하는 회사인지, 단정한 느낌의 세미 정장을 추구하는지

- **나의 직무 분야의 사람들은 주로 어떤 옷을 입는가?**

  ex) 편안함을 추구하는 개발자, 앞에 서서 프레젠테이션할 기회가 많은 기획자, 가운을 입는 전문직 등

- **나의 첫인상은 어떠한가? 이 인상을 면접에 적용해도 좋을지 고민해 본다.**

  ex) 편안한 인상을 가지고 있다면, 팀플레이어로서 잘 협동해야 하는 업무 특성상, 첫인상의 특징은 살리되 자신감 있는 목소리와 모습, 능동적인 이미지를 통해 회사가 필요로 하는 인물이라는 인상을 심어주도록 한다.

➔ **원하는 회사의 직무에서 어떻게 보이면 좋겠는지 적어보자.**

3장

비주얼 브랜딩 **프로세스 7**

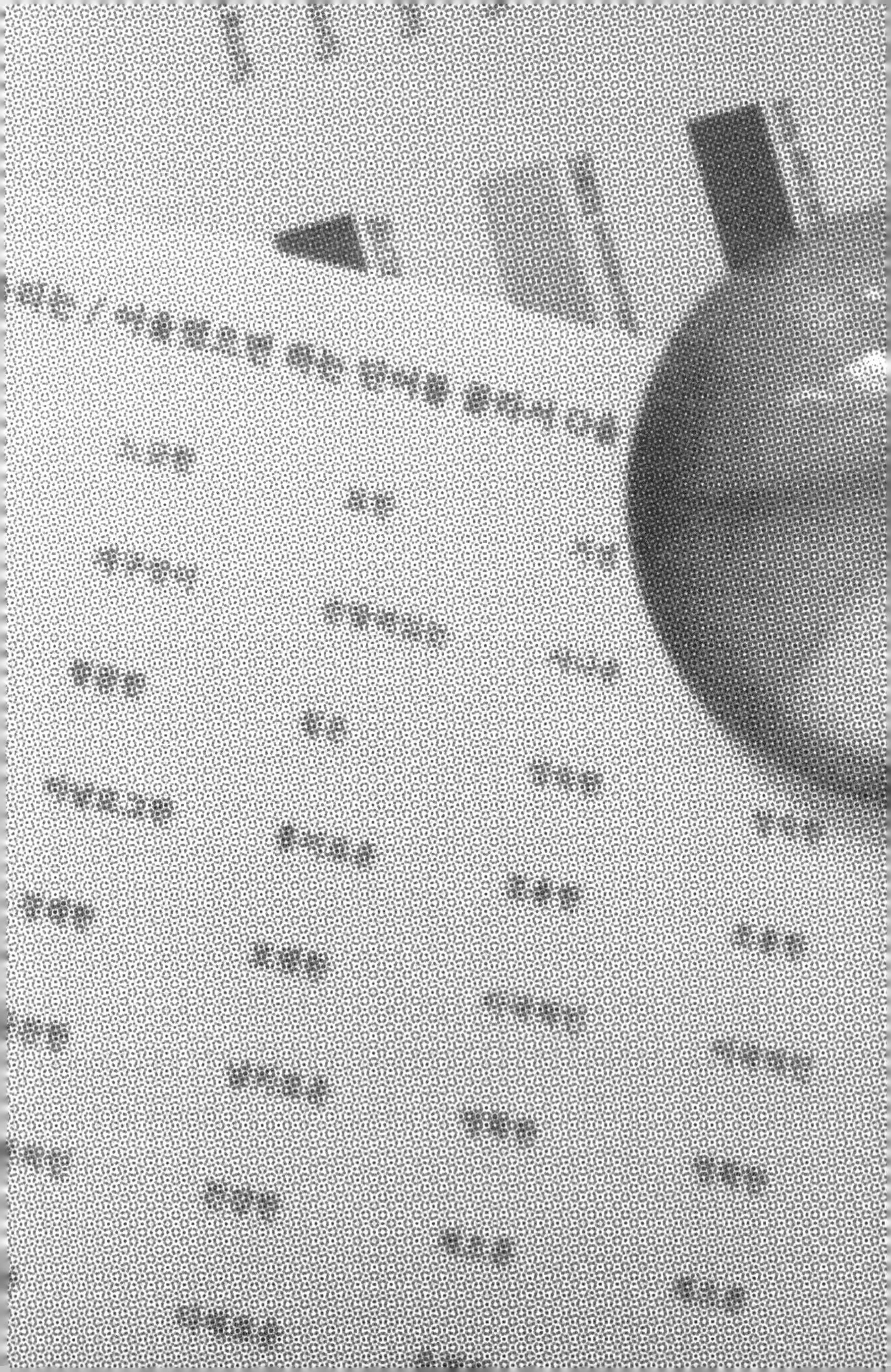

나의 아이덴티티 찾기 : 나의 모습 객관화하기

✷ 차별화되는 아이덴티티, 왜 중요할까?

현대 사회는 튀어야 '살아남는' 시대다. 파워 인플루언서, 파워 유튜버, 파워 블로거 등은 저마다 독특하고 개성 넘치는 콘텐츠와 아이디어, 이미지로 SNS 플랫폼의 홍수 속에서 유저들에게 큰 영향력을 행사하며 꾸준히 활동을 이어간다. 이들의 성공 비결은 자기만의 고유한 '개성'과 '강점'을 찾아 이를 일관성 있게 밀고 나가는 데 있다. 나는 그것을 '아이덴티티(identity)'라 부르고 싶다. '정체성'으로 번역되는 아이덴티티는 다른 사람과 구별되는 자신만의 특징이자 변하지 않는 독립적인 존재를 의미하기 때문이다.

더 나아가 현대 사회는 이 같은 아이덴티티에 기반하여 비주얼 브랜딩을 하고, 또 이를 퍼스널 브랜딩으로 확대해야 '튀고', '살아남을' 수 있는 시대이기도 하다. 퍼스널 브랜딩이란 내가 누구인지, 무엇을 하는 사람인지 등 나라는 사람을 한마디로 정의할 수 있는 무언가를 정립하는 일이다. 퍼스널 브랜딩이 된 개인은 경쟁이 치열해지는 시대에도 자신이 세운 목적을 달성할 수 있는 힘이 있다. 그러므로 비주얼 브랜딩과 퍼스널 브랜딩을 가능케 하려면 차별화되는 아이덴티티를 확립하는 것이 무엇보다도 선행되어야 한다.

그렇다면 차별화되는 아이덴티티는 어떻게 가능할까? 차별화는 시각적인 부분뿐 아니라 사고방식, 태도, 행동 등을 동반해야 가능하다. 아무리 비주얼이 앞서가는 시대라 해도 내용 없는 이미지는 공허하고 외적인 요소로만 남을 수 있기 때문에 남들과 차별화되는 브랜딩을 전달할 수 없다. 따라서 개인이 보여줄 수 있는 표현의 범위는 매우 다양하기 때문에 어떤 가치와 방향성을 지닌 비주얼로 나를 차별화하고 표현할 것인지 기준을 정해야 한다. 그리고 그 기준은 개인의 확실한 아이덴티티로 남게 된다.

✶ 성공적인 아이덴티티 정립의 요건

성공적인 자기만의 아이덴티티를 찾고 나만의 차별화된 비주얼 브랜딩을 위해서는 무엇부터 시작해야 할까? 나는 가장 먼저, 현재 나의 모습을 명확하게 체크하는 것에서 시작하라고 조언하고 싶다.

자기만의 비주얼을 브랜딩하는 방법은 총 3단계 과정으로 이루어진다. 1단계는 나의 아이덴티티를 찾는 것, 즉 내 이미지의 아이덴티티를 진단하는 단계다. 2단계는 내가 추구하는 이상적인 아이덴티티를 선정하는 것이다. 그리고 마지막 3단계는 1,2단계에서 진단하고 선정된 아이덴티티를 기반으로 내용을 좁혀나가며, 이미지 아이덴티티, 즉 비주얼 브랜딩을 완성하기 위한 이미지 플랜을 작성하는 것이다.

이미지 아이덴티티, 즉 비주얼 브랜딩은 시각적으로 드러나는 나의 비주얼을 이미지로서 이상적으로 만들어가는 과정이다. 대상에 대해 떠오르는 생각이나 감정을 이미지라고 정의한다면 비주얼 브랜딩은 이미지를 의도적으로 시각화해서 나만의 고유한 브랜드로 만들어내는 것을 말한다. 추구하는 목표를 위해서 자신의 이미지를 전체적으로 객관화하고 최적화하여 표현할 수 있는 능력을 기르는 과정이라고 할 수 있다. 이제 자기만의 비주얼을 브랜딩하는 3단계 과정을 차례로 살펴보자.

✷ 비주얼 브랜딩 1단계: 나의 이미지 아이덴티티 진단하기

나를 제대로 알아야 나만의 매력을 사람들에게 알릴 수 있다. 현재 상황에서 나를 판단해보자. 나는 무엇을 하는 사람인지, 나만의 특별한 부분은 무엇이 있는지, 내 모습이 타인에게 어떻게 보여지기를 원하는지, 관심사는 무엇인지, 세상 변화에 맞춰 나를 어떻게 표현할 수 있을지 등을 파악하여 퍼스널 비주얼 브랜딩 전략을 세워야 한다. 이미지와 비주얼에 대한 동사와 형용사들을 모아보았다. 나에게 어울리는, 어울렸으면 하는 동사와 형용사들을 옆에서 찾아본다. 단어를 선택할 때는 내가 많이 듣는 이미지와 지향하고 싶은 이미지의 색상을 다르게 해서 체크해 본다.

비주얼 브랜딩의 1단계는 본인 스스로의 모습을 객관적으로 파악하는 것부터 시작한다. 사람들은 본인이 인식하는 스스로의 모습과 타인이 인식하는 객관적인 모습 간의 괴리가 있기 때문에 그 인식의 차이를 좁혀가는 것이 중요하다. 내가 생각하는 나의 모습, 그리고 다른 사람들이 나의 이미지나 모습에 대해서 얘기할 때를 떠올려보자. 나의 객관적 모습과 이상적인 나의 모습을 좁혀가려면 그 간극, 즉 차이점을 이해하고 격차를 줄여가려는 의지가 필요하다.

| 나와 어울리는 아이덴티티 단어 표시하기 |

강직한	날쌘	느긋한	묘한	맑은
거센	순발력 있는	사나운	세련된	깔끔한
성숙한	신비로운	로맨틱한	고요한	이국적인
고요한	다정한	리더십 있는	건강한	명확한
힘찬	고운	외로운	수줍은	수수한
세심한	빠른	재미있는	꼼꼼한	관대한
급한	지혜로운	고급스러운	컬러풀한	소소한
평화로운	최신의	심플한	넉넉한	한가로운
유쾌한	분별력 있는	신기한	웃긴	뛰어난
공손한	투명한	살가운	흥겨운	솔직한
몽환적인	짙은	친밀한	날카로운	개구쟁이
전시하다	이루다	상담하다	효도하다	자다
낙서하다	마시다	나누다	설명하다	소비하다
탐험하다	칭찬하다	기억하다	먹다	손질하다
오르다	공부하다	머물다	소통하다	연습하다
경쟁하다	시작하다	중재하다	연결하다	달리다
설명하다	알아내다	연출하다	지향하다	체념하다
소리치다	만들다	말하다	입다	기도하다
예고하다	알다	걷다	가다	줍다
버리다	토론하다	보다	듣다	배우다
지향하다	지양하다	지원하다	탈출하다	출근하다
흔들리다	굳세다	묻다	생각하다	놀다

※ 체크 방법: 나와 이미지가 어울린다고 들었던 단어와 어울렸으면 하는 단어를 다른 색으로 구분되게 선택해본다. 나와 어울리지 않는 단어에는 X 표시를 한다.

✷ 비주얼 브랜딩 2단계: 내가 추구하는 이상적인 아이덴티티 구성요소 선정하기

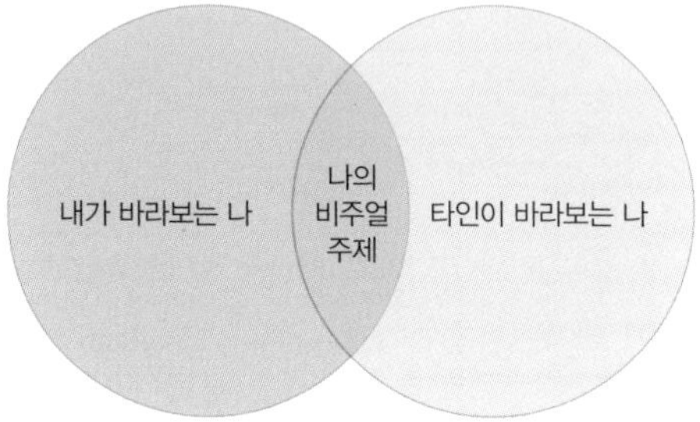

앞서 객관화된 나를 표현하는 이미지(아이덴티티) 단어들과, 내가 원하는 이상적 이미지(아이덴티티)를 열거해본다. 어떤 이유와 목적으로 나의 차별화된 모습을 보여주고 싶은지 목표를 정하는 것이다. 나만의 콘텐츠를 만들고 싶어서, 새로운 부캐 페르소나를 만들고 싶어서, 나를 더 잘 소개하고 싶어서 등 퍼스널 비주얼 브랜딩을 하고 싶은 이유에 따라 선정되는 아이덴티티가 다르게 채워질 수 있다.

예를 들어, 앞의 이미지 단어들에서 내가 바라보는 나에 해당하는 단어를 '강직한, 힘찬, 명확한, 홍겨운, 친밀한, 넉넉한, 세련된, 분별력 있는…' 정도로 고르고 타인이 바라보는 나에 해당하는 단어를 '날카로운, 개구쟁이, 세련된, 로맨틱한, 친밀한, 흥겨운…' 등으로 골랐다면 (고를 때는 충분한 개수를 체크한다), 나의 비주얼 주체는 그 교집합에 해당하는 '흥겨운, 세련된…'이 되는 식이다.

그런 다음엔 내가 생각하는 나와, 타인이 인식하는 나의 이미지 사이에 공통점과 연결점, 차이점을 찾는다. 공통된 내용은 나만의 고유한 특징을 찾는 데 도움이 된다.

내가 보는 나와 다른 사람이 보는 나 중에 겹치는 내용들이 나만의 브랜드 키워드의 핵심(비주얼 주제)이 될 수 있다. 겹치는 내용들을 쭉 열거해보고 내가 누구인지, 무엇을 하는 사람인지, 나를 한마디로 정의하면 어떻게 표현할 수 있을지를 생각해본다.

또한 비주얼뿐만이 아니라 현재 나의 생각, 행동, 사고방식, 목표 등 무엇을 삶에서 가장 중요하게 여기는지를 적어보고 남들과는 다른 나만의 특별함이 어떤 것이 있을지 5개 정도로 나의 구성요소들을 자유롭게 정리해본다.

〈나의 아이덴티티 구성요소 선정 예〉

1. 현재 나는 무슨 생각을 하고 있나?
2. 나는 어떤 행동을 자주 하나?
3. 내 사고방식을 규정하는 단어는 무엇인가?

4. 나는 어떻게 보이고 싶은가? (도시 이미지, 지적인 이미지 등)

5. 내가 삶에서 가장 중점을 두는 가치관은 무엇인가?

✷ 비주얼 브랜딩 3단계: 브랜드 비주얼을 만들기 위한 '나 바로 알기'

나 자신을 잘 표현할 줄 알아야 나다움을 사람들에게 잘 드러낼 수 있다. 현재 나는 어떤 일을 하는 사람이며, 어떤 역할에 있는지, 사람들에게 어떤 모습을 연출하고 표현할지 고민하는 단계이다. 보통의 많은 사람들이 자신이 지극히 평범하거나 평균이며 특별한 캐릭터가 아니라고 생각한다. 나는 비주얼 브랜딩을 할 때 그들을 둘러싸고 있는 가족, 친구, 동료 등에게 그들이 보는 나만이 가지고 있는 특별한 점, 장점과 단점이 무엇인지 물어보라고 한다.

이러한 타인과의 관계 속에서 내가 어떤 사람인지, 나는 어떤 부분들을 강조하고 중화시켜야 하는지를 깨닫게 해준다. 이렇게 자신의 신분과 역할이 반영된 이상적인 이미지를 찾아서 스스로 변화되도록 노력하는 것이 사회에서 개인을 브랜드화하는 과정이라고 할 수 있다.

그래서, 앞서 도출된 5개의 나만의 아이덴티티 구성요소들을

• 나의 이름은 ________________ 나의 직업은 ________________ 다.

• 나의 첫인상은 ________(위 2단계에서 타인이 바라보는 나에 해당하는 단어로 채우기)________ 다는 이야기를 많이 듣는다.

• 나는 ________(타인이 바라보는 나)________ 이/가 잘 어울린다는 소리를 듣는다.

• 사람들이 나에게 ________(타인이 바라보는 나)________ 이/가 떠오른다는 소리를 듣는다.

• 내가 가장 좋아하는 색상은 ________________________________ 다.

• 가장 많이 가지고 있는 옷의 색상은 ________________________________ 다.

• 내가 가장 많이 가진 패션 아이템은 ________________________________ 다.

• 나의 패션 스타일을 표현하자면 ________________________________ 다.

• 내가 애용하는 물건은 ________________________ 다. 그 물건의 브랜드는 ____________ 다.

• 내가 생각하는 나의 매력은 ________________________________ 다.

• 내가 가장 듣고 싶은 칭찬은 ________________________________ 다.

• 내가 가장 듣기 싫은 비난은 ________________________________ 다.

• 나에게 가장 위로가 되는 말은 ________________________________ 다.

• 나에게 가장 자극이 되는 말은 ________________________________ 다.

• 내가 잘하고 싶은 분야가 있다면? ________________________________ 다.

• 나의 5년 전은 ________________________________ 다.

• 현재의 나는 ________________________________ 다.

• 1년 후의 나는 ________________________________ 다.

• 5년 후의 나는 ________________________________ 다.

• 처음 보는 이에게 나의 취향을 보여줄 수 있는 물건 6개를 알려주세요.

• 내가 지향하는 이미지, 이와 같은 과정을 통해서 얻고 싶은 이미지나 목표를 알려주세요.

토대로, 이야기를 만들고 이를 통해 차별화된 확고한 나만의 아이덴티티, 콘셉트를 구축해야 한다. 단어만 가지고 이야기를 만들기 어려우니, 아래의 형식을 따라 나를 알아가는 질문들에 답해보자. 단답보다는 솔직한 답변, 답변 안에서 왜 그렇게 답변했는지를 이어가면서 아이디어를 많이 풀어가면 좋다.

이러한 과정을 통해서, 개인의 장·단기적 목표를 정의할 수 있으며, 내가 누구인지 명확하게 알고, 어떤 것을 잘 표현할 수 있을지를 정할 수 있다. 이처럼 나를 알아가고자 하는 태도는 나를 결국 더 나은 사람으로 만들고자 하는 마음과도 연결된다. 아이덴티티의 명확성, 방향성, 구체화를 위한 내용을 적어보자.

✷ 나를 선명하게 만들기

앞의 질문들을 통하면 나를 한걸음 뒤에서 돌아보며 내 안에 숨은 다양한 나를 발견할 수 있다. 이 과정을 다 거쳤다면 최종적으로 개인적인 나, 사회의 나를 나타내는 형용사와 동사를 활용하여 하나의 문장을 만들어본다.

나는 ____________________ 하게 ____________________ 을/를 ____________________ 다.

1. ____________________

2. ____________________

3. ____________________

4. ____________________

5. ____________________

이제 다시 나를 3개의 주제로 정리할 시간이다. 작성한 답변들과 선택한 키워드들을 다시 한 번 돌아보고, 나를 나타낼 수 있는 키워드를 〈나와 어울리는 아이덴티티 단어 표시하기〉를 중심으로 5개 골라서 하단에 채워본다.

이중 5개의 키워드를 떠올렸을 때 생각나는 3개를 제외하거나 추가, 혹은 새로운 키워드를 조합해도 좋다. 마지막에 정리된 3가지의 키워드가 바로 당신의 아이덴티티의 주제이다.

1. ____________________

2. ____________________

3. ____________________

퍼스널 컬러와 캐릭터,
콘셉트에 맞는 컬러 찾기

✷ 컬러는 이미지다

컬러는 비주얼 브랜딩의 요소 중에서 가장 중요하다. 컬러는 다양한 상징, 연상, 메시지를 시각적으로 전달하는 매체이다. 나는 컬러가 비주얼 브랜딩에서 절반을 차지하고 있을 만큼 중요한 요소라고 생각한다. 컬러는 이미지를 가지고 있다. 그렇기에 우리는 일상에서 메이크업, 헤어, 네일, 패션 등 수많은 컬러를 통해서 이미지를 표현하려고 하고 내가 말하고자 하는 메시지를 컬러를 통하여 무의식 중에 전달하기도 한다.

장례식장에 검정 옷을 입고 가서 경건함을 보여준다거나, 축구 경기장에서 붉은 악마의 붉은 응원색을 통해 우리의 열정을 드러낼 수 있다. 이처럼 색이 가지고 있는 의미가 있으며, 퍼스널 컬러를 통해 개인 고유의 색상을 알고 잘 매칭하면 말하지 않고도 나의 이미지, 비주얼, 메시지를 효과적으로 표현할 수 있다. 다양한 색상들이 가지고 있는 상징적인 의미를 알아보고, 나의 아이덴티티나 이미지에 맞는 것을 한번 알아보자.

- Red : 열정, 사랑, 자극적, 위험
- Yellow : 따뜻한, 귀여운, 행복, 친절, 긍정적인, 희망적인
- Orange : 사교적, 재미있는, 활발한, 즐거움, 풍요로운
- Green : 평화, 안정, 자연, 희망
- Blue : 신뢰, 성실, 평화, 시원한, 희망, 고요함
- Purple : 신비함, 창의적, 예술적, 우아한, 존귀함
- Pink : 여성스러운, 부드러운, 사랑, 섬세한
- White : 완벽함, 순수함, 새로움, 중립
- Grey : 슬픔, 냉담, 중립, 운치있는
- Black : 권위, 럭셔리, 슬픔, 어둠

✷ 옷 색깔 하나 바꾸었을 뿐인데

퍼스널 컬러는 단어 그대로 개인의 컬러이며, 개인이 타고날 때부

터 가지고 있는 신체의 색상을 의미한다. 보통 개인의 피부와 머리카락, 눈동자 색을 통해 가장 잘 어울리는 컬러를 찾는다. 퍼스널 컬러를 잘 활용하면, 신체의 색과 적절히 조합하여 조화로운 이미지를 만들 수 있다. 퍼스널 컬러를 잘 진단하여 적용하였을 경우, 얼굴의 생기나 활기가 돌아 개인의 매력을 돋보이게 만들 수 있다. 퍼스널 컬러는 개인이 가지고 있는 신체 색상에서 가장 안정적으로 보이는 컬러를 찾아 편안하고 긍정적으로 보일 수 있도록 하는 것이다.

나는 주니어 디자이너 시절 블랙 컬러를 좋아했다. 무작정 애플의 스티브 잡스처럼 무채색의 톤이 시크하고, 도시적이며 커리어우먼인 멋있는 여성 디자이너로 보여질 것이라며 생각했기 때문이다. 하지만, 개인이 좋아하고 자주 사용하는 컬러는 이상적인 퍼스널 컬러와 다를 수 있다.

한때 머리부터 발끝까지 온통 블랙 컬러로 입고 다니던 나에게, 동료 디자이너가 왜 채도가 낮은 검고 회색조의 옷만 입고 다니는지 물어봤다. 귀엽고 동안의 이미지와 갈색 눈동자, 피부톤 등을 고려해봤을 때 평범한 사람들이 보아도 나의 이미지가 너무 무거워 보인다는 생각을 했다고 한다. 그런가 싶어 얼굴 컬러에 가까운 상의에 색상이 있는 옷을 구입하여 나의 패션에 컬러를 입혀 보았더니, 신기한 일이 일어났다. 회사 식당에 가거나 퇴근 후 동료들과 사적으로 만나는 자리에서 나의 존재감이 돋보이기 시작한 것이다. 다른 팀에서 희미하게 이름만 인지하던 나를, 옷의 색상을 채도 있고 힘있는 컬러들로 바꿨더니 에너지 있고 세련된, 활기있는 이미지로 인식하여 확실하게 인지하기 시작한 것이다.

이처럼 퍼스널 컬러를 잘 활용하면 나의 장점을 부각시키고 개인 이미지의 정확한 인식이 가능해진다. 또한 개인에게 어울리는 컬러와 배제해야 하는 컬러를 구분할 수 있고, 적절한 때에 적합한 컬러를 매칭하여 나의 이미지를 돋보이게 할 수 있다.

✷ 당신은 웜톤인가 쿨톤인가?

미국, 일본, 유럽 등에서는 봄, 여름, 가을, 겨울의 4계절 이미지로 색상을 분류하고, 그것을 신체의 피부 톤에 대입하기도 한다. 4가지 계절의 색상 안에서 톤 이미지나, 색 조합(배색)에 따라서 피부색을 진단하여 적용하는 퍼스널 컬러 시스템이 현재 유행하고 있는 퍼스널 컬러 진단이다.

퍼스널 컬러는 웜/쿨톤으로 나누어 피부 톤을 정의하는 것부터 시작된다. 개인이 가진 피부색의 온도감에 따라서 웜톤과 쿨톤으로 구분하고, 이를 사계절 특성에 맞게 나눈다.

웜톤은 말 그대로 따뜻한 톤이며, 차가운 톤은 쿨톤이라고 한다. 이는 피부 중 노란 컬러의 유무에 의해서 차이가 결정된다. 웜톤은 피부색이 노란색 베이스로 되어 있다. 온화하면서 동적이고 감성적, 능동적인 느낌이 있으며 따뜻한 색이 잘 어울리는 피부톤을 웜톤이라고 한다. 웜톤이 메이크업을 할 때 립 컬러를 바를 경우 원색의 레드에 노란색 계열이 혼합된 다홍 빛의 립을 쓰면 웜톤의 피부색에 잘 어울린다.

반대로, 쿨톤은 블루 베이스의 피부톤으로, 노란 빛이 없으며 이지적이고 부드러우면서 이성적인 느낌을 준다. 쿨톤이 립을 바른다고 하면 푸른색이 많이 섞인 퍼플 빛의 레드나 어두운 레드가 잘 어울린다.

웜톤과 쿨톤

웜톤과 쿨톤은 다시 봄, 가을과 여름, 겨울 타입으로 나뉜다. 4계절 이미지에 따라서 어울리는 색과 분위기가 달라진다. 각 계절이 주는 느낌을 생각해보면 분류하기 쉽다.

웜톤 중 선명하고 밝은 컬러가 잘 어울리면 봄 웜톤, 갈색 계열의 짙고 깊은 컬러가 잘 어울리면 가을 웜톤이다.

여름 쿨톤은 화이트, 파스텔 톤의 차분하면서 화사한 컬러가 잘 어울리고, 겨울 쿨톤은 코발트 블루, 청록색 등 강한 컬러가 잘 어울린다.

봄 웜톤은 밝고 생기있는 이미지로, 아이유나 수지를 들 수 있다.

여름 쿨톤은 우아하고 부드러운 이미지로 기본적으로 회색이 베이스인 색이 어울리며, 대표 연예인은 손예진과 이영애이다.

가을 웜톤은 깊이 있고 매혹적인 이미지로, 음영 메이크업이 잘 어울리며 오렌지, 브라운 컬러가 잘 어울리는 유형이다. 대표적으로 이효리, 이성경, 제니 같이 그윽한 음영 메이크업이 잘 어울리는 사람들이 여기에 속한다.

겨울 쿨톤은 세련되고 차가운 이미지로, 깊이 있는 음영 메이크업보다 깔끔하고 선명한 메이크업이 잘 어울린다. 대표적으로는 현아, 선미처럼 채도 높고 선명한 메이크업이 잘 어울리는 이미지가 이에 해당한다.

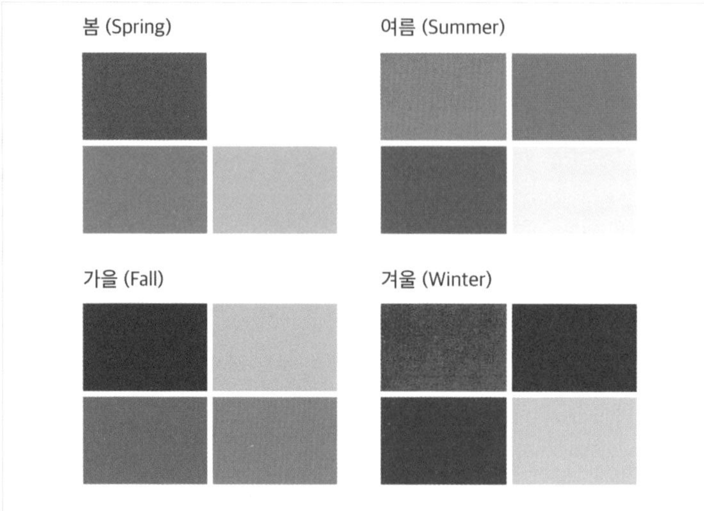

웜톤과 쿨톤

자, 나의 신체 색상은 따뜻한 톤인지 차가운 톤인지, 4계절 이미지에는 어떤 것이 나와 비슷할지 구분해 본다. 신체 색을 다른 사람들과 비교하여 주위 사람이나 내가 평가해서 분석해 보아도 좋다.

각각의 이미지 유형에 맞게 개인의 피부톤, 그에 맞는 가장 잘 어울리는 색, 피해야 하는 색, 중간 정도 적당한 색들을 나누어서 헤어나 메이크업, 패션 스타일링에 적용한다. 이는 이미지를 만들고, 소위 콘셉트를 확실히 하는 데에 도움이 된다.

셀프 진단만으로 자신의 피부톤을 정확히 감별하기는 어렵지만, 태양광 아래에서 염색하지 않은 모발, 메이크업하지 않은 피부 상태로 위의 컬러칩을 목 아래쪽에 대고 어울리는지 확인해보는 방법도 있다. 이때 컬러가 얼굴보다 먼저 보이거나, 얼굴이 컬러보다 먼저 보여도 안되고, 얼굴과 컬러가 같이 보이면서 조화롭게 어우러져야 한다.

✷ 컬러는 무드로 이어진다

사람의 첫인상은 3초 안에 결정된다는 이야기가 있다. 초두 효과라고도 하는데, 처음 습득한 정보가 나중에 얻은 정보보다 더 강한 영향력을 발휘한다는 이야기로, 첫인상이 사람의 이미지를 결정하는 데 큰 영향을 미친다는 이야기이다. 중요한 업무 발표나 취업면접, 소개자리에 이르기까지 첫인상이 중요한 이유이다. 잊지 못할 첫인상, 나만의 무드를 만들어야 자신의 독보적인 인상을 각인시킬 수 있다.

나에게 맞는 컬러를 알고, 곧 이를 자유롭게 활용하게 되면, 자신이 원하는 분위기, 즉 무드를 표현하는 데에도 유리하다. 이는 반대로 자신이 원하는 무드를 보여주기 위해서는 반드시 컬러를 자유자재로 사용할 줄 알아야 한다는 의미이기도 하다.

잘 어울리는 자신의 퍼스널 컬러는 얼굴과 가까운 상의에 매치하거나, 헤어 컬러로 적용이 가능하다. 퍼스널 컬러를 진단하고 나면 해당 컬러 사용에만 집착하는 경우를 종종 보는데, 반드시 퍼스널 컬러만을 사용하기보다는, 나와 반대되는 컬러도 얼굴과 먼 쪽의 하의나 신발, 악세서리 등에 매치하여 스타일링이 가능하다.

컬러를 이용한 무드의 대표적인 예는 국가대표 쇼트트랙 선수 곽윤기가 있다. 2022년 동계올림픽 시즌에 연두색으로 머리를 염색한 곽윤기 선수는 SNS에서 톤그로, 즉 얼굴톤이 맞지 않는다는 논란에 휩싸였다. 평범한 검정 컬러의 헤어와 다른 파격적인 연두색 머리 컬러 때문에 얼굴이 검어 보이게 된 것이다. 이후 네티즌들은 곽윤기 선수를 두고 머리의 초록색이 얼굴까지 물들었다는 우스갯소리까지 하기도 했다.

평상시 곽윤기 선수가 차분한 검정 머리를 할 때를 보면 짙은 헤어컬러가 피부의 어두운 톤을 정리해주고, 이목구비가 또렷해 보이게 잡아주었다. 그런데 당시의 염색 이후에는 인상과 분위기가 너무도 달라보였던 것이다. 초록색 헤어 컬러에 곽윤기 선수의 이목구비가 묻혀 보인다며 퍼스널 컬러를 믿게 되었다는 반응도 있었다. 이렇게 내 얼굴과 가까이 하는 컬러에 따라서 인상이 부드러워 보이거나, 강하게 보일 수도 있고, 또는 답답하게 보이는 경우도 있다. 이미지 아이덴티티와 컬러를 통한 나만의 무드 찾기, 꼭 해보시기 바란다.

✷ 특별하지 않아도 나만을 위한 비주얼 브랜딩!

퍼스널 컬러와 캐릭터, 콘셉트에 맞는 컬러를 찾는 것은 전문가만 할 수 있는 일이 아니다. 요즘은 다양한 채널(유튜브, 블로그, 인스타그램 등)에서 이 같은 정보를 공유하는 사람들이 많으므로, 무료로 얼마든지 자신의 컬러와 콘셉트를 찾아볼 수 있다.

비주얼 브랜딩을 특별한 사람만이 한다는 생각은 더 이상 맞지 않다. "너, 오늘따라 굉장히 멋져 보이는데?"라는 칭찬을 들은 날, 그날이 나의 비주얼 브랜딩이 성공한 날인 셈이다. 트렌드를 쫓아가기보다는 각자가 추구하는 멋의 색깔과 방향에 따라 하루하루 멋진 날을 만들어가기를 바란다.

체형 이미지 찾기 : 나의 이미지 및 체형 진단

✷ 님아, 그 옷을 입지 마오

나의 피부톤, 얼굴의 형태를 진단했다면 다음으로는 체형을 진단한다. 세 가지가 모두 모여 얼굴의 톤, 형태, 이목구비를 보고 전신을 보는 흐름으로 보았을 때, 전체적인 흐름이 좋아야, 나의 비주얼 콘셉트를 효과적으로 보여줄 수 있기 때문이다.

나는 길을 가면서 사람들이 어떤 스타일로 옷을 입었는지, 상의와 하의의 조합이라든지 체형에 걸맞게 옷을 입었는지를 무의식적으로 체크하는 편이다. 며칠 전 길을 걷다가 안타까운 상황을 한 번 마주했다. 전체적으로 아주 글래머러스한 모래시계 스타일의 체형을 가지고 있는 분이었다. 허리가 아주 가늘고 하체가 두꺼운 체형이었는데, 허리를 강조하게 위해 전체적으로 긴 기장의 슬림하고 타이트한 골지 원피스를 입고 있었다. 얇은 허리는 아주 강조되어 보였으나, 그에 대비되는 튼실한 하체가 부각되어서 장점과 단점이 함께 여실히 드러나고 있었다.

만약에 그녀가 상의는 타이트하고 하체는 플레어의 원피스를 입었다면 어땠을까? 허리는 얇아보이게 장점을 극대화하고, 플레어의 퍼진 스커트를 입음으로써 단점을 보완하여 전체적으로 밸런스 있는 체형으로 연출이 되었을 것이다. 이와 같이 나의 체형을 이해하고 신체 특성에 따라서 의상을 연출하는 것이 중요하다.

체형의 유형으로는 여성은 5가지, 남성은 4가지로 나누어 볼 수 있다. 나의 체형은 어디에 속하는지 알아보자.

✷ 여성 체형 5가지

먼저 여성의 경우 직사각형, 삼각형 체형, 역삼각형 체형, 둥근형, 모래시계형이 있다.

첫 번째로, 직사각형 형태의 경우, 목이 길고 가늘며 엉덩이에 볼륨이 없어 허리 라인이 없는 통자형 체형이다. 연예인으로 보면 비슷한 체형으로는 소녀시대 수영, 블랙핑크 로제 등이 있다. 전체적으로 시크한 느낌을 주며, 패션모델 같은 이미지다. 이런 체형의 경우 상체나 하체의 어느 한 곳에 포인트를 주는 것이 이상적이며, 어깨나 상반신 부분에 볼륨감을 주어 전체적으로 부드럽고 여성적인 체형으로 연출하면 좋다.

두 번째로, 삼각형 체형의 경우, 가슴과 어깨보다 엉덩이가 큰 것이 특징이다. 전통적인 한국인 체형으로 상체에 비해 하체가 크게 발달한 형이며, 따라서 스타일링을 할 때 하반신을 최소화하고 상반신을 강조해야 한다. 의상을 입을 때 허리선이 정확하게 구분이 되면 힙이 강조되어 보이기 때문에 허리선이 끊어지지 않는 자연스러운 실루엣을 이루는 원피스도 좋다. 시선이 상의로 끌리도록 상반신을 강조하여 상의와 하의의 밸런스를 맞춰주면 좋다. 대표적인 예시로는 김하늘이 있다. 전형적인 골반미인으로, 글래머보다 더 여성스럽고 부드러운 이미지를 가지고 있다.

세 번째로, 역삼각형의 체형 같은 경우 넓은 어깨와 가슴, 엉덩이로 갈수록 좁아지는 체형이 특징이다. 연예인으로는 대표적으로 손담비, 현영, 배우 강소라와 같이 어깨가 있는 사람들이다. 역삼각형 몸매는 운동을 많이 한 듯한 건강한 느낌과 성숙한 이미지를 준다. 이런 체형은 여성 체형 중에서는 가장 적은 비율이고, 몸의 전체적인 비율상 상체가 커보이는 체형이다. 이와 같은 체형은 시선을 몸의 중심이나 하의로 분산시키도록 유도해서 연출하는 것이 좋다. 또한, 상의에 프릴, 견장 등 화려한 세부장식 등은 배제하여 상체에 시선이 적게 가도록 유도하는 것이 중요하다.

네 번째로, 둥근 체형의 경우 대체적으로 신체의 모든 부분들도 둥근 모양으로 이루어져 있는 체형으로, 어깨가 좁아 보일 수 있다. 등, 허리, 배에 살이 많고 특히 복부가 강조된 체형으로 다리는 날씬한 편이다. 이 체형의 경우는 어깨나 힙이 도드라지게 넓다기보다는 전체적으로 상체에 살이 많고 둥글둥글한 모습을 띄고 있다. 그렇기 때문에, 곡선을 피하고 직선이나 사선의 효과를 살리는 스타일링을 활용하고, 또한 깊은 V 네크라인은 목이 길

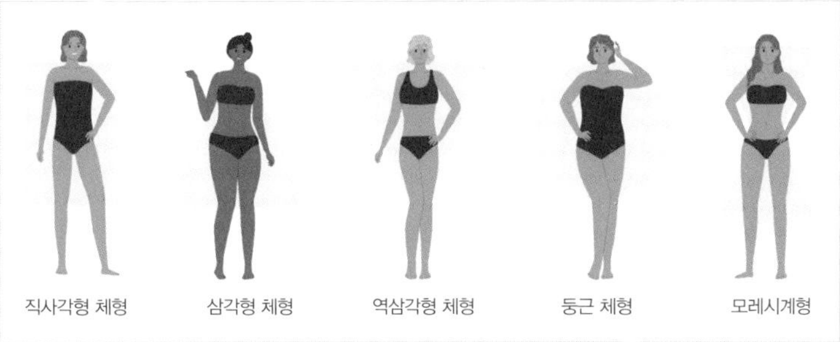

여성의 다섯가지 체형

어 보이기 때문에 둥근 체형에 추천한다. 대표적인 예시로는 개그맨 이수지, 김신영을 꼽을 수 있다.

다섯 번째로, 모래시계형은 가슴과 힙이 풍만한 체형이다. 대표적으로는 킴 카다시안, 제시와 같은 글래머러스한 체형을 들 수 있다. 위아래의 균형이 잡혀 있지만 가는 허리 때문에 가슴과 엉덩이가 실제보다 크게 보이는 경향이 있다. 모래시계형의 체형을 지닌 사람은 곡선을 드러내는 옷을 잘 소화할 수 있다. 또한, 이 체형은 두꺼운 스웨터나 가슴에 장식이 많은 스타일은 피해야 하며, 삼각형과 역삼각형의 특성을 조합하여 상체는 작게, 아래로 내려올수록 풍성하게 하면 시각적으로 밸런스가 잘 맞아 보인다.

✷ 남성 체형 4가지

남성 체형은 총 4가지로 나눌 수 있다. O형, 삼각형, 역삼각형, 직사각형이다.

첫째로, O자형 체형의 경우 전체적으로 덩치가 큰 남자 체형을 말한다. 키가 크면서 몸집이 크거나, 키와 상관없이 덩치가 큰 남자 체형이다. 이런 체형은 기본적으로 남자다움, 큰 손과 큰 덩치

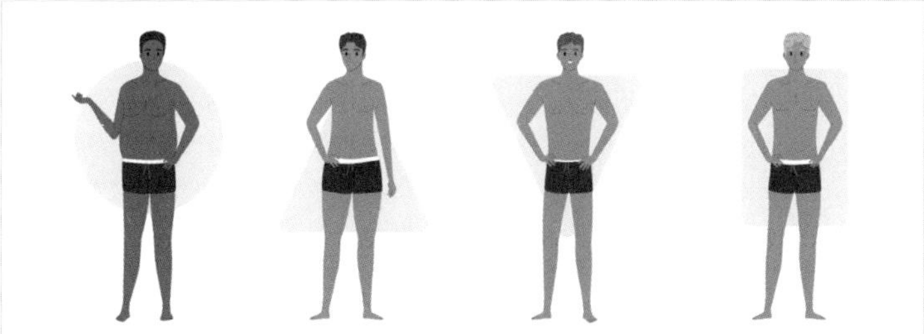

남성의 네가지 체형

를 가지고 있어 소위 장군감에 맞는 이미지를 가졌다. 카리스마, 아우라를 가지고 있고 대표적으로는 배우 조진웅을 꼽을 수 있다.

둘째로, 삼각형 체형의 경우는 상체에 비해 하체가 큰 체형이다. 하체가 튼실한 삼각형 체형은 보통 어깨가 팔자에 가깝게 처져 있다. 이런 체형은 허리가 부해 보이는 형태의 의상을 피하고 하의는 어두운 계열의 의상을 입는 것이 좋으며, 하체가 크게 보이지 않도록 끝선이 좁아지는 바지를 입는 것도 추천한다. 대표적으로는 허각, 조세호 등이 있다.

셋째로, 역삼각형의 경우 상체가 큰 체형이다. 골반의 넓이가 가장 좁은 체형으로, 어깨가 골반에 비해 월등히 넓다. 상의는 딱 맞는 핏의 의상을 선택하는 것이 좋고, 체크프린트, 강한 원색이

나 큰 무늬가 있는 의상은 다리가 짧아 보일 수 있으므로 피하는 것이 좋다. 연예인으로 치면 김종국, 김우빈 등 타고나기를 어깨가 넓은 사람들도 있고, 후천적인 운동으로 역삼각형 체형을 가지게 될 수도 있다.

넷째로, 직사각형 체형의 경우, 어깨, 허리, 골반, 허벅지까지 일자를 이룬다. 마르고 날씬하며 상하체의 균형이 잘 잡혀 있는 날렵한 몸매의 소유자다. 대표적으로는 김지석이나 이준기를 꼽을 수 있다. 허리가 들어간 상의, 라인이 있는 재킷, 셔츠 등이 잘 어울리며, 이 유형은 대중적이면서 스타일링 연출이 가장 쉽다.

✷ 신체 특성을 아는 것이 스타일링의 출발이다

현대사회에서 자기에게 맞는 옷을 멋지게, 잘 소화하는 것은 중요한 덕목이다. 이를 위해서는 각자 많은 공부와 노력을 기울여야 한다. 그러나 그 모든 센스와 정보를 얻기 전에 준비할 것이 자신의 신체적인 특성을 정확히 파악하는 일이다. 앞에 소개한 체형만 알고 가도, 옷을 입고 스타일링하는 데 아주 큰 미스매치는 피할 수 있다. 만일 혼자 힘으로 하기 어렵다면 전문가의 의견을 듣는 것도 추천한다.

신체 특성을 파악하기 위해서는 얼굴형이나 어깨의 모양, 가슴, 힙, 허리 사이즈 등을 세분화하여 자신을 객관화시키는 일이 필수다. 그리고 난 뒤에 자신의 신체적인 특징의 장점을 효과적으로 살리고, 보완할 점들은 보완하는 방향으로 나아가면 아주 크게 실패하는 일은 없을 것이다. 많이 보고, 많이 입어보며 다양한 스타일링 정보를 얻는 것도 큰 도움이 된다.

콘셉트 확정하기 :
나의 매력 이미지 설정 및 콘셉트 확정

✷ 나만의 코어 아이덴티티를 정하라

앞에서 우리는 효과적인 자기만의 비주얼 브랜딩을 하기 위해 자신이 가지고 있는 이미지, 구현하고 싶은 이미지와 더불어 자신의 체형이 전체적으로 어떤 형태인지를 체크해보았다. 이처럼 한 개인을 결정짓는 외적인 이미지는 체형, 자세, 스타일링 등 복합적인 요소로 결정된다. 어떤 이는 자신의 얼굴 생김이나 체형의 기준을 아주 높게 잡고 스스로 외모에 만족하지 못하곤 하는데, 이는 이미지 설정을 위해서 바람직한 태도가 아니다.

자신의 외모에 100% 만족하는 사람은 없을 것이다. 아쉬운 부분, 불만족스러운 부분이 있더라도 각자가 지닌 장점과 특색을 찾아내고 이를 발전시킨다면, 누구나 자신에게 맞는 스타일을 발견해 이미지를 설정하고 콘셉트를 확정할 수 있다.

아무리 훌륭한 외모를 가진 연예인이라도 어울리지 않는 스타일은 있다. 송지효마저도 최근 런닝맨에서 숏커트를 하고 나왔을 때 노안이 된 것 같다며 혹평을 받았다. 이처럼 외모가 훌륭해도 어울리지 않는 스타일이 분명히 존재한다. 또한, 내가 좋아하는 콘셉트나 취향, 스타일이 나와는 전혀 어울리지 않는 경우도 존재한다.

게다가 우리나라는 유행이 빠른 데다가 내가 처한 사회적 상황이 변화하기도 한다. 이런 상황에 유연하게 대처하려면 안정적으로 나만의 코어 아이덴티티(Core Identity), 즉 확실한 기본기가 있는 콘셉트를 정하고, 기본 콘셉트를 변형하여 TPO(Time, Place, Occasional)에 따라 변화를 주면서 다양한 매력을 표현해야 한다.

✷ 이방카 트럼프가 보여준 최고의 TPO는 티셔츠에 노메이크업

앞서 말한 모든 것을 알아도 이를 실행하는 힘, 즉 연출이 중요하다. 이 시대의 비주얼 브랜딩은 비주얼로 일관되게, 그리고 매력적으로 시간과 상황에 맞게 잘 연출하는 것을 말한다.

전 미국 대통령 도널드 트럼프의 딸인 이방카 트럼프 같은 경우 스타일리시하기도 하지만, 내가 그녀에게서 발견한 가장 큰 강점은 TPO(시간, 장소, 상황)에 어울리는 복장이나 태도, 표정을 보여준다는 점이었다. 이방카야말로 비주얼 브랜딩과 퍼스널 이미지 메이킹을 잘 받아온 좋은 예시라 할 수 있다. 그녀가 자신의 강점을 극명하게 보여준 사례가 있다. 바로 코로나 팬데믹 상황에 백악관 선임고문으로서 미국의 확진자가 15만 명에 이르렀을 때, 노 메이크업에 티셔츠 차림으로 카메라 앞에 등장하여 실의에 빠진 미국인들을 위로한 장면이 그것이다. 당시 그 TPO는 내 눈에 '신의 한 수' 전략으로 보였다.

또한 그녀는 각국 영부인들과의 외교 자리에 참석할 때에도 적절한 의상을 선보이는 것으로 유명했다. '패션 외교'라는 단어가 있듯이, 외교 필드에서는 외모와 복식이 중요시되기 때문에 공식 외교 석상에서 복장에 신경 쓰는 것은 외교의 기본이 된다. 박근혜 대통령부터 김정숙, 김건희 여사까지, 여성 대통령이나 퍼스트 레이디들은 드레스 코드를 통해서도 외교에 일조한다.

타국을 방문할 때, 옷의 색상이라든지 한국적 전통을 고려한 의상을 입으며, 대한민국 영부인의 품격있는 매너와 패션을 통해 이미지 정치를 하는 것이다. 이처럼, 나의 코어 아이덴티티가 확실하게 정해져 있다면, 다양한 장소에서 분위기에 따라 폭넓은 이미지 연출이 가능하다.

✷ 어떠한 분위기로 연출할 것인가, TPO에 따른 퍼스널 비주얼 전략

만일 자신의 아이덴티티가 자유분방한 이미지의 에스닉 스타일이라고 한다면 기본적으로는 이국적이고 감성이 풍부한, 민족적이고 순박한 느낌의 패턴이나 브라운, 그린, 명도가 낮은 색상들의 의상으로 스타일링을 하는 게 좋다. 하지만 사회적인 자리나 공식적인 자리에서 연출해야 하는 소셜 TPO에서는 자유롭고 히피 같은 에스닉 스타일로만은 연출하기 어렵기 때문에, 다른 스타일들을 가미하여 기본 콘셉트를 유지하면서도 TPO에 따른 연출을 진행한다.

내가 제안하는 다양한 TPO에 따른 퍼스널 비주얼 옷 입기의 예는 이렇다. 우선 격식 있는 자리에서 입는 정장 스타일의 재킷류는 크게 에스닉 비즈니스웨어, 시티웨어, 파티웨어, 포멀웨어 4

TPO 중 격식있는 4가지의 스타일. 에스닉을 예시로 다양한 시간, 장소, 상황에 따른 격식 있는 스타일링의 예시

가지 스타일로 나눌 수 있다. 이 모든 격식의 4가지 스타일은 에스닉의 디테일이 있으면서도 자켓이라든지 약간의 무게가 있는 형태이다. 비즈니스 웨어는 일을 할 때 입을 수 있는 정중한 느낌이며, 시내에 나갈 때 무게감 있게 입는 스타일로 시티웨어, 파티에 초대받았을 때의 연출 의상인 파티웨어, 장례식장 등의 정중한 곳에서 입는 포멀웨어로 나눌수 있다.

그 반대로, 격식 없는 프라이빗한 자리에 입는 옷으로 홈웨어, 스포츠웨어, 리조트웨어, 타운웨어가 있다. 홈웨어는 집에 친구들을 초대했을 때 입을 법한 의상, 스포츠웨어는 요가나 자전거, 테니스 등 운동할 때 입을 수 있는 옷, 친구들과 사적으로 놀러갈 때 입는 캐주얼한 타운웨어, 휴가 갔을 때 입는 리조트웨어로 나눠

TPO 중 Private한 4가지의 스타일

볼 수 있다.

이런 방식으로 자신의 아이덴티티 콘셉트를 잘 찾았다면 그에 맞는 악세서리나 소재, 패턴이나 색상 등의 대비를 통해서 좀 더 감각적인 나를 연출할 수 있다.

✷ 미러링을 활용하자

나의 아이덴티티를 확정짓고도 여전히 자신만의 이미지 연출이 어렵다면, 일단은 나의 이미지와 유사한 이미지 모델이나 연예인을 선정해서 그와 비슷해지려고 시도해 보아도 좋다. 이렇게 롤모델을 선택해서 따라 하는 것을 '미러링'이라고 한다. 이와 같은 미러링은 자기 이미지 연출을 어떻게 할지 훨씬 수월하게 이해하고 적용시킬 수 있다.

유행한다고 해서 유행을 무조건 따라가기보다, 나에게 어울리는 스타일을 찾아서 그 부분을 유행과 접목해 보는 연습을 하는 것을 추천한다. 일례로, 스키니진이 유행했던 시절, 하체가 풍만하거나 허벅지가 부각되는 몸매, 혹은 다리가 짧거나 한 단점이 있음에도 불구하고 그 시절에는 유행을 뒤쫓아 남녀노소 모두가 스키니진을 입었다. 이 시기에도 윤은혜는 허벅지가 너무 부각되어 이전에 소녀장사 윤은혜의 모습이 생각났고, 또 다른 특정 여자 연예인 몇몇은 다리가 짧아서 스키니진이 어울리지 않았다.

이처럼, 단지 유행을 좇는 것보다는 나의 신체적 구조와 장단점을 파악한 다음 비슷한 느낌의 이미지 모델을 선택해 볼 필요가 있다. 그리고 그들이 각각의 상황에서 어떻게 구체적인 아이템과 스타일링을 연출하는지 개인적인 각각의 상황에 적합한 퍼스널 이미지 연출을 구체적인 예시를 보면서 현실화할 수 있다.

나와 비슷하다는 연예인이나 유명인이 있다면, 유튜브 등에서 화장법 따라 하기라든지, 나와 비슷한 얼굴형의 메이크업이나 헤어 연출에는 어떤 것이 있는지 체크해 보자. 그리고 미러링으로 나에게 적용하여 보되, 나의 아이덴티티와 잘 섞어서 자연스럽게 연출하는 연습을 해보도록 한다.

✷ 나를 제대로 아는 것

퍼스널 비주얼 브랜딩은 단순히 예쁘고 심미적인 모습을 보여준다기보다, 나를 제대로 아는 것에 중점이 있다. 나의 어떠한 모습이 좋게 보이고 매력적인지, 그리고 내가 진심으로 알리고 싶은 메시지를 비주얼적으로 쉽게, 먼저, 시각적으로 보여주고 느끼면서 이해할 수 있도록 하기 위해 나의 아이덴티티, 즉 자아를 찾아가는 일련의 과정이다. 자신에게 맞는 콘셉트를 설정해서 이미지를 잘 정립한다면 누구나 자신이 지닌 매력을 부각시키면서 만족스러운 비주얼 메이킹에 성공할 수 있을 것이다.

콘셉트에 맞는 스타일 구현하기 : 디테일 찾기

✷ 문제는 스타일 찾기다

자신에게 맞는 콘셉트를 설정해서 이미지를 잘 정립한다면 이제는 그 콘셉트에 맞는 스타일을 구현할 차례이다. 앞의 '3장 비주얼 1단계'에서 우리는 나의 아이덴티티와 많이 듣는, 자주 듣고 싶은, 그리고 듣고 싶지 않은 형용사들에 표기를 하고, 나는 어떤 모습이었으면 하는지에 대해서 적어보았다.

이를 토대로 다음에 나오는 12개로 나누어진 스타일을 확인해보고, 가장 많이 선택되어 있거나, 내가 많이 들어봄직한, 혹은 바라는 이미지나 스타일이 무엇인지 찾아보자.

✷ 스타일은 총 12개

스타일은 총 12개로 나눌 수 있으며, 각각 다음과 같은 특성으로 나타낼 수 있다.

1. 큐트 (Cute)

Cute

큐트 스타일은 귀엽고 천진난만한 사랑스러운 이미지이다. 응석받이 스타일의 성격이 많으며, 주로 파스텔 톤의 젊고 생기 있어 보이는 색상이 어울린다. 작은 무늬의 패턴 등 잔무늬가 어울리는 스타일이다. 연상 이미지로는 피터팬, 다람쥐, 토끼, 구혜선, 김범 등이 있다.

큐트에 어울리는 형용사는 맑은, 수줍은, 개구진, 친밀한, 다정한 등이다.

2. 로맨틱 (Romantic)

Romantic

로맨틱은 낭만적이며 몽환적이고, 동화적이며 여린 이미지이다. 앞선 Cute 스타일의 어른스러운 느낌으로, 환상적이고 비현실적인 느낌의 유토피아적 이미지가 많다. 하얀색, 크림색 등 가벼운 파스텔톤이 많으며, 작은 꽃무늬나 곡선 무늬가 있는 폭신폭신한 소재, 후 불면 날아갈듯한 얇은 소재나 앙골라 등이 잘 어울리는 스타일이다. 연상 이미지로는 줄리엣, 송혜교, 육성재, 안개꽃, 앙골라 등이 있다.

로맨틱에 어울리는 형용사는 몽환적인, 신기한, 고요한, 묘한, 세련된, 한가로운, 세심한 등이다.

3. 노블/엘레강스 (Nobel/Eelegance)

Nobel/Elegance

노블은 기품있고 세련되며 우아한, 차분한, 고상한 이미지이다. 로열 패밀리처럼 품격이 몸에 배인 사람들이 노블한 스타일이라고 이야기되며, 아주 단정한 느낌이다. 엄숙하고 보수적인 상류층을 생각하면 된다. 움직임이 많기보다는 활동성이 없는 의상 스타일이 다수를 이룬다. 주로 은은한 컬러, 흰색이나 진주색, 담청색이나 은색의 컬러가 잘 어울린다. 또 기하학적인 중간 크기의 무늬나 좌우 대칭형의 의상 스타일이 잘 어울린다. 연상 이미지로는 호접란, 임시완, 수애, 라벤더 등이 있다.

노블/엘레강스에 어울리는 형용사는 '고요한, 명확한, 깔끔한, 공손한, 성숙한' 등이다.

4. 스포티/다이내믹 (Sporty/Dynamic)

Sporty/Dynamic

스포티는 생동감이 있고, 발랄하며, 활동적이고 정열적인 이미지이다. 시원하고 쿨하며 생동감 있는 스타일이 많고, 12가지 전체 콘셉트 중 가장 선명하고 쾌활한 이미지이다. 비비드한 톤과 원색이 잘 어울리며, 선명감을 통해 민첩하고 날렵한 이미지를 상승시킬 수 있다. 체커드 플래그, 사선 패턴, 직선, 기하학적 무늬, 깃발과 같은 패턴이 잘 어울리며, 이러한 패턴들은 중간 정도에서 큰 크기가 특히 조화를 이루는 유형이다. 연상 이미지로는 한예슬, 강동원, 지창욱, 퓨마 등이 있다.

스포티/다이내믹에 어울리는 형용사는 리더십 있는 뛰어난, 솔직한, 컬러풀한, 건강한, 최신의, 유쾌한 등이다.

5. 캐주얼/내추럴 (Casual/Natural)

Natural/Casual

캐주얼은 자연적이면서도 재미있고 친밀한, 경쾌하고 유쾌한 이미지를 지닌다. 접근하기 쉬운 부드러운 이미지이며, 스포티 보다는 편안한 스타일이다. 주로 주황계열, 노랑 계열, 풀색이나 옥색 등 채도가 높은 컬러가 잘 어울린다. 경량으로 가벼운 복장이나, 자연 소재, 딱딱하지 않은 중밀도의 소재에

꽃이나 풀꽃 무늬 등의 패턴들이 잘 어울리는 유형이다. 연상 이미지로는 윤은혜, 서현진, 박신혜 등이 있다.

캐주얼/내추럴에 어울리는 형용사는 '살가운, 평화로운, 유쾌한, 소소한, 솔직한, 건강한, 재미있는' 등이다.

6. 모던 (Modern)

Modern

모던은 세련되며, 합리적이고 지적인 느낌을 가지고 있다. 지적 호기심이 많은 총명한 느낌이며, 주로 한색(寒色) 계열의 컬러가 잘 어울린다. 또 스카이 그레이, 은회색, 미스티 그린 같은 은은하면서도 절제되어 있는 컬러가 적당하다. 직선 무늬나 직선이 변형된 무늬, 현대적이고 기하학적인 무늬가 잘 어울린다. 또한, 고전적인 소재보다는 힘있고 광택있는 모던한 신소재가 조화를 이룬다. 연상 이미지로는 물총새, 가인, 이미연, 이수혁 등이 있다.

모던에 어울리는 형용사는 '리더십 있는, 고급스러운, 심플한, 빠른' 등이다.

7. 에스닉 (Ethnic)

에스닉은 토속적이고 원시적인 느낌으로 오리엔탈적이며, 이국적 정서가 풍기는 이미지이다. 주로 갈색을 기반으로 명도가 낮고 딥한 톤의 컬러가 잘 어울리는 유형이며, 갈색, 초록색이 에스닉 스타일을 표현하기 위해 많이 사용된다. 무늬는 민예무늬, 어패무늬, 잉카 문명의 무늬, 이집트 문양 등을 떠올리면 되며, 중밀도의 거친 실크나 목면 등의 소재가 많이 쓰인다. 연상 이미지로는 포카혼타스, 브랜드 에트로나 미소니, 변정수, 려원, 이정재 등이 있다.

Ethinic

에스닉에 어울리는 형용사는 이국적인, 수수한, 컬러풀한 등이다.

8. 클래식 (Classic)

클래식은 고전적이며, 앤틱풍, 중후한 느낌의 예스러우며 고상하고 고풍스러운 이미지이다. 고전시대의 문물을 동경하는 회고적 앤틱 이미지로, 격식 있고 중후하다. 오래된 컬러로 보이지만 고풍스러움을 지닌 차콜 그레이, 쑥색, 회자주, 청동, 사파이어, 포도색 등이 잘 어울린다. 또 광택이 없는 품격 있는 소재인 벨벳, 코튼, 울텍 질감 등이 적합하다. 패턴은 작거나, 중간 사이즈에 부분적으로 규칙적인 체크, 장미 등의 좌우대칭형이 많다. 연상 이미지로는 밀로의 비너스, 김희선, 현빈, 손예진 등이

Classc

있다.

클래식에 어울리는 형용사는 '고전적인, 성숙한, 고급스러운, 공손한, 다정한' 등이다.

9. 댄디 (Dandy)

Dandy

댄디의 경우 유능하고 견고하며 전문적인 느낌을 준다. 지적인 매력을 지닌 남성 성향의 이미지로, 여성복의 경우 남성적인 느낌이 풍긴다. 신사적인 남자다움, 계획적이며 논리적이고, 건실한 이미지이다. 주로 차콜 그레이, 어두운 갈색, 대추색, 포도주색 등 채도가 낮은 컬러가 잘 어울리며, 하운드 투스나 두꺼운 스트라이프, 헤링본 등의 중밀도, 무거운 소재가 잘 어울리는 유형이다. 연상 이미지로는 드라마 미스티의 김남주, 이동욱, 검은 표범 등이 있다.

댄디에 어울리는 형용사는 '리더십 있는, 순발력 있는, 유능한, 심플한, 꼼꼼한, 세련된, 깔끔한' 등이다.

10. 와일드 (Wild)

와일드의 경우 모험적이고, 야성미, 거칠고 건강한 느낌을 준다. 자연 그대로 사람이 손대지 않은 야성적인 이미지를 말하며,

강직하고 굽힘이 없는 동시에 거칠고 사나움도 있는 스타일이다.

Wild

주로 카키색, 쑥색, 잔디색, 국방색 등 어스컬러(Earth Color)가 대표적으로 잘 어울리며, 패턴의 경우 지브라, 레오퍼드, 열대 식물 무늬, 새나 짐승의 패턴이 잘 어울린다. 소재는 두꺼우면서 튼튼한 느낌의 재질, 아웃도어에 어울리는 레자, 코튼 스웨이드 등이 어울린다.

연상 이미지로는 고소영, 지드래곤, 전갈, 코요테 등이 있다.

와일드에 어울리는 형용사는 '사나운, 리더십 있는, 순발력 있는, 거센, 힘찬, 세련된' 등이다.

11. 고저스 (Gorgeous)

Gorgeous

고저스의 경우 화려하고 힘있는 느낌이다. 호화로운, 현란한, 육감적인, 사치스러운 이미지이다. 사람의 눈길을 끄는 화려하고 호화로운, 럭셔리한 이미지를 가지고 있다. 부와 권력을 상징하기도 하고, 사치스럽고 지나치게 장식적인 것이 특징이다. 이 스타일은 금색이나 와인레드, 고동색, 포도색, 어두운 초록 등 광택감이 있는 화려한 소재가 잘 어울린다. 패턴은 레오퍼드, 큰 꽃무늬, 얼룩무늬, 페르시아 융단풍의 아라베스크 무늬 등이 잘 어울린다. 연상 이미지로는 마리 앙투아네트, 박예진, 고수, 호랑이 등이 있다.

고저스에 어울리는 형용사는 '성숙한, 한가로운, 화려한, 최신의, 다채로운, 현란한' 등이다.

12. 포멀 (Formal)

Formal

포멀의 경우 격조와 품위가 있으며, 권위 있는, 최상의 가치를 지닌 느낌을 준다. 고품격의 격식을 갖춘 이미지로, 고전적인 이미지와 달리 견고하고 무게감 있는 최상의 품위를 가지고 있다. 성실하고 깊은 신뢰감이 느껴지며 권위적으로 보이는 스타일이다. 주로 무겁고, 깊이감을 주는 검정 컬러 의상이 잘 어울리며, 이외에도 차콜그레이, 쥐색, 어두운 보라, 어두운 초록 등의 컬러가 잘 어울린다.

대칭이나 반복적인 패턴, 두꺼우면서도 융의 느낌이 나거나, 울이나 캐시미어 벨벳 등의 소재감이 잘 어울린다. 연상 이미지로는 마더 테레사, 고현정, 비 등이 있다.

포멀에 어울리는 형용사는 '격조 높은, 지혜로운, 심플한, 고요한, 명확한, 깔끔한, 견고한, 신뢰적인' 등이다.

✷ 스타일은 각각 다르다

12가지 스타일을 구체적으로 살펴보았지만, 스타일을 꼭 12개로만 규정할 수는 없다. 그러나 아이덴티티 단어에 선택된 것을 찾다보면 나와 비슷한 콘셉트를 발굴해 자신에게 맞는 스타일을 구현할 수 있을 것이다. 때로는 한 사람에게 비슷한 스타일이 섞일 수도 있고, 하나의 스타일이 곧 나로 직결되는 사람도 있을 것이다. 한 사람에게 한 가지 스타일만 있는 것은 아니기 때문이다.

또 시각적 구현이 힘들 경우, 다음 장에서 설명하는 무드보드를 활용할 수도 있다. 나의 분위기와 느낌을 잘 표현하는 시각 보드를 활용하여 이러한 스타일 표현을 주위에 두고 눈에 익게 하는 것을 추천한다.

비주얼 콘셉트 무드보드 제작

✷ 분위기를 표현할 '한 장'

'콘셉트에 맞는 스타일 구현하기: 디테일 찾기'에서 나는 자신의 이미지와 유사한 모델을 선정해서 그와 비슷해지려고 시도하는 미러링을 해보면, 자기 이미지 연출이 훨씬 수월해질 수 있다고 설명하였다.

그러나 시각적 구현이 말처럼 쉽지 않은 사람도 있을 수 있다. 이때는 비주얼 무드보드를 만들어서 참고하면 자신의 콘셉트를 잘 이해할 수 있으니 다양하게 적용하여 활용해보는 것을 추천한다.

무드보드는 말 그대로 분위기를 한 장으로 표현하는 것이다. 주로 이미지, 사진, 텍스트 등을 활용해 콜라주하여 하나의 보드에 내가 생각하는 느낌과 분위기를 모아놓는 것을 무드보드라고 한다.

무드보드는 퍼스널 비주얼 브랜딩 외에도 패션디자인, 인테리어, 웹디자인 등 디자인 프로세스에 비주얼의 이해를 돕기 위해 제작되기도 한다. 다양한 요소를 활용하여 아이디어와 개념을 전체적인 하나의 스토리로 인식될 수 있도록 시각화하는 방식이라고 할 수 있다.

따라서, 무드보드를 보면 완성된 인물의 분위기나 느낌을 예상할 수 있으며, 하나의 무드보드를 통해 효과적으로 나의 아이덴티티와 콘셉트를 표현할 수도 있다.

✷ 무드보드 제작, 어디서 어떻게?

이러한 무드보드는 주로 핀터레스트(Pinterest.com)라는 사이트에서 쉽게 만들 수 있다. 핀터레스트는 사이트 자체가 무드보드의 집합체라고 해도 과언이 아닌데, 그룹을 생성하여 콘셉트별로 이미지를 저장할 수 있는 툴을 제공하고 있다. 또 무드보드를 아주 쉽게 만들고 한눈에 펼쳐 볼 수 있도록 구성돼 있다.

이렇게 보드라는 것을 생성하여 종류별로 묶어볼 수 있는데, 핀터레스트 같은 경우 전 세계에서 업로드 되는 사진과 영상, 그래픽 디자인 등이 많아서 무드보드를 만들기 위한 최적의 사이트라고 말할 수 있다. 특정 형용사나 사물의 이름, 표현 등을 검색할 수도 있고, 컬러로 검색해도 여러 가지 색상이 나온다.

따라서 굉장히 다양한 이미지를 찾을 수 있어 편리하다. 이런 사이트들은 검색을 통해 비슷한 이미지나 하나의 스타일로 이루어진 이미지들을 모아 새로운 인사이트를 전달하기 때문에 강력 추천하는 바이다.

핀터레스트 외에도 추천하는 사이트로 '픽셀즈(Pixels)'가 있다. 무료 이미지 사이트로, 전문 사진작가들의 콘셉트 하에 촬영한 이미지들이 많아 무드보드를 만들기 좋은 이미지를 쉽게 구할 수 있다.

무드보드를 만들면서 작가들의 촬영 작품들에서 영감을 얻을 수 있기도 하고, 컬렉션에 'branding' 또는 'concept' 등의 키워드를 적어 저장한 뒤, 해당 내용에 맞는 이미지들만 모아서 따로 분류하고, 나중에 저장된 컬렉션을 확인하면 그 자체가 무드보드가 된다.

무드보드 예시, 색, 이미지, 소재, 패턴, 재질감 같이 비슷한 무드의 영감이 떠오르는 것들을 모아 만든 무드보드

이와같이, 무드보드는 콘셉트, 아이덴티티 기획의 시작이자 끝이라고 할 수 있다. 소개한 사이트들과 일러스트나 PPT 등의 이미지들을 모아서 나만의 '느낌적인 느낌'을 전달할 수 있는 퍼스널 비주얼을 만들어 보자.

애프터 비주얼 : 비주얼 콘셉트를 강화하는 말투와 행동, 미디어 트레이닝

✷ 향으로 불러오는 기억

배우 정유미는 여행 첫날 여행지에서 향수를 꼭 하나씩 사서 뿌리고 다닌다고 한다. 이후에 그 향을 다시 맡으면 여행지에서의 추억이 떠오르고, 향으로 사람들이 기억나기도 하며, 기분 전환이 된다고 했다. 시각적인 것도 중요하지만, 이처럼 우리는 그 외의 다른 디테일에서도 특정 장소, 특정인을 떠올리기도 한다.

앞서 우리가 알아 본 실루엣, 컬러, 패턴의 형태, 모직의 강직도와 같은 외적인 스타일이나 이미지적인 것들 이외에도, 우리는 향수나 촉감, 말하는 방법이나 표정에서도 한 인물의 자아나 개성, 감정, 스타일을 느낄 수 있다. 우리는 다양한 이해관계자들과 커뮤니케이션을 하면서 이미지를 구성해 나가기도 한다. 표정 이미지와 커뮤니케이션 이미지, 마음을 움직이는 대화법과 같은 미디어 트레이닝, 그리고 말하지 않아도 느낄 수 있는 향수와 같은 디테일. 우리는 이를 애프터 비주얼이라고 부른다.

✷ 애프터 비주얼 1. 표정 이미지

우리는 사람과 만나 상대의 기분이나 이미지를 결정지을 때, 얼굴에 나타난 표정을 중점적으로 보고 상대가 어떤 감정이나 스타일을 가지고 있는지 파악한다. 얼굴 표정은 눈빛, 시선, 입의 모양 등으로 감정을 전달하기 때문이다.

어느 날 나는 대중교통을 타고 터널을 지나다 무심코 유리에 비친 나의 모습을 본 적이 있다. 그늘진 눈가, 깊은 팔자 주름, 늘어진 입꼬리가 컴컴한 유리창에 귀신같이 비쳤다. 잦은 야근과 관리의 부재, 표정없이 과로하던 날들 중 하루였다. 나의 부정적인 심리상태가 표정 하나로 나타난 것이다. 얼굴 근육은 의식적으로 움직일 수 있는 근육인 동시에 감정에 의해서 좌우되는 특성이 있다고 한다. 기쁘면 볼 근육이 움직이고, 짜증이 나면 미간이 찌푸려지며, 불만이 생기면 입꼬리가 내려간다. 긍정적 감정은 모두

눈과 입 사이에 있고, 부정적인 감정을 표현하는 데는 입 아래 하안면이 많이 쓰인다. 감정과 관련된 근육이 긍정적으로 많이 쓰면 어린 얼굴, 좋은 인상을 많이 만들어 내기 때문에 얼굴 가운데 근육인 중안부가 많이 단련되도록 해야 한다.

거울을 보면서 자신의 표정을 체크해보자. 상대에게 어떤 표정을 보여주고 싶은지, 어떤 표정이 많다는 얘기를 듣는지 생각해보아야 한다. 표정은 하나의 언어이다. 얼굴은 심리적 상태가 반영되는 비언어적 커뮤니케이션으로, 자신의 감정과 느낌을 전달하는 소통 방법이다. 따라서 어떤 말보다 더 큰 힘이 되고, 부드러운 대인관계를 유지하기 위한 방법이자 인상과 이미지를 형성하는 중요한 수단이다. 눈과 입의 미소를 거울을 보며 연습하고, 밝은 표정을 유지하기 위해서는 평소에도 운동시에 스트레칭 하듯 표정 근육을 이완시켜 주는 훈련을 생활화해 보자.

✷ 애프터 비주얼 2. 태도 이미지

태도 이미지는 인격을 드러내는 중요한 요소이다. 우리가 하는 손짓 하나에도 누군가는 불편함을 느낄 수 있고, 예의없다고 생각할 수도 있다. 이와 같이 자연스러운 제스처와 행동은 자신의 이미지를 결정짓는 중요한 요소가 된다. 태도 이미지는 여러 가지로 나눌 수도 있지만, 그 중심은 공감하는 표현법에 있다. 상대를 공감하고 이해하는 것, 같이 기뻐하거나 슬퍼해 주는 것. 바른 자세로 상대에 대한 기본적인 예의를 갖추어 행동하며 말을 전달하게 되면, 진정성 있고 정중한 사람으로 인상에 남을 것이다.

✷ 애프터 비주얼 3. 소통 이미지

인간은 소통, 즉 커뮤니케이션을 통해 공동체를 만들어 간다. 인간의 모든 관계는 소통에서부터 시작된다. 소통 이미지는 인성과 인격을 표현하는 요소이며, 올바른 대화법을 통해 상호관계가 형성된다. 그리고 말투, 화법, 억양 등으로 전달력을 향상시킨다.

또한, 누군가에게 긍정의 말 한마디를 하게 되면 호감과 친근감의 이미지를 전달할 수 있다. 사람은 누군가에게 칭찬받고 인정받기 원하는 사회적인 동물이다. 때문에 상대방의 좋은 점, 잘한 점을 높이 평가하여 긍정적으로 말하는 대화법을 사용하고, 긍정적인 내용으로 이야기를 시작하면 소통 이미지를 높일 수 있다. 경청할 때 공감하는 태도, 상황에 맞는 적당한 속도와 크기로 이야기 하는 것, 한쪽의 의사를 내세우기보다는 상대 의견을 존중하는 태도만 있어도 원활하게 소통 이미지를 만들 수 있다.

✷ 애프터 비주얼 4. 비언어적 이미지

향은 보이지는 않지만 이미지를 결정짓는 중요한 요소가 될 수 있다. 향수로 그 사람의 매력과 품격을 보여주기도 한다. 앞서 향으로 불러오는 기억에서와 같이, 향기는 사람을 기분 좋게 만들 수도 있고, 어떤 시간이나 장소를 그릴 수 있게 한다.

또한, 호감있는 인상을 만들 수 있어 내면의 화장이라고 불리기도 한다. 본인과 어울리는 향수를 잘 선택하고 피부타입이나 계절, TPO에 따라 달리 향을 사용해야 한다. 본인의 취향과 상황에 따라 향을 선택하여 매력적인 인상으로 나만의 이미지를 만드는 것도 방법이다. 향기로 패션 기능을 더욱 높여 상대방에게 호감가는 이미지를 만들 수 있다.

✷ 미디어 트레이닝

이러한 애프터 비주얼 요소들은 나를 표현하는 수단이자 자신의 브랜드적 가치를 높이는 데에 중요한 부분이다. 비주얼뿐만 아니라 표정, 태도, 자세, 화술, 말투, 매너, 공감 행동 등은 미디어 트레이닝의 요소이며, 이를 통해 긍정의 이미지를 보여주는 것은 대인관계에서 필수적이다.

미디어 트레이닝이라고 해서 미디어 환경에서 일하는 사람들만 받는 트레이닝이라고 한정할 필요는 없다. 모든 사람이 이 트레이닝을 통해서 자신의 기량을 발휘할 수 있으며, 차별화된 이미지로 개성있는 자신을 연출할 수 있다.

이처럼 퍼스널 비주얼 브랜딩은 단지 외모를 가꾸는 것뿐만 아니라, 자신감 향상을 위한 내면의 노력과 단점을 극복하고 지속적인 체크와 자기계발을 통해 좋은 이미지를 형성하는 것을 내포한다.

비주얼 브랜딩은 자신의 이미지를 최상으로 끌어올리고 향상시키는 것이다. 단점은 보완하고, 장점을 부각함으로써 남들과 차별화된 긍정의 이미지를 만드는 일련의 과정이 비주얼 브랜딩이다. 내가 생각하는 나의 모습과 다른 사람이 생각하는 나의 모습을 통해 자신을 객관적으로 바라보며 원하는 이미지를 향해 한 발 더 나아가는 노력이 필요하다.

4장

K-POP,
엔터테인먼트의 비주얼 브랜딩

아이돌 비주얼 디렉팅의 실체

✷ 아이돌에게 비주얼 디렉팅을 하는 이유

비주얼 디렉팅이란 전략적으로 아이돌의 이미지를 비주얼 측면에서 포장하여 스타로서 이미지를 구축하고, 브랜드로서의 가치를 높이는 것이다. 이를 위해서는 비주얼적인 요소를 부여하여 아이돌의 특성을 살리고 대중에게 어필하는 콘셉트로 만들어야 한다.

아이돌 그룹에 있어서 비주얼 콘셉트가 중요한 이유는 단지 표면적인 음악뿐만이 아닌 캐릭터, 스토리가 큰 환상과 몰입을 주기 때문이다. 어떤 콘셉트와 비주얼을 보여주느냐에 따라 음악, 가사, 사운드, 앨범, 콘서트의 분위기, 지향하는 팬의 층도 달라진다.

이렇게까지 비주얼을 구축하고 콘셉트를 만드는 이유는, 아이돌은 기본적으로 타깃의 확실한 니즈를 공략해서 팬을 형성해야 하기 때문이다. 그런데 비주얼 디렉팅이야말로 이런 마케팅의 방향을 직관적으로 보여주는 비주얼적 결과물을 단시간 내에 가장 효과적으로 만들어주는 수단이다.

✷ 블랙핑크 이미지의 탄생

YG에서 비주얼 디렉터이자 디자이너로 일했을 때, 나는 블랙핑크가 데뷔하기 전에 그룹 이미지를 세팅하는 작업을 한 적이 있다. 그룹 이미지 세팅에는 그룹 내 개개인의 이미지 포지셔닝까지 포함되어 있어서 당시 나는 먼저 4명의 멤버들 이미지를 각기 따로 분석했다. 멤버 개개인의 성격과 성향, 외모 등을 통해 이미지를 파악하고, 4명의 멤버들이 비슷한 이미지로 인식되지 않도록 멤버 각자의 특징적 이미지 지점을 설정했다.

각 멤버들에 맞는 각각의 이미지를 설정한 뒤에는 이를 멤버들에게 이해시키기 위한 작업이 이어졌다. 당시 내가 4명의 멤버들에게 부여한 이미지는 각각 '사랑스러운', '고급적이고 화려한', '스포티한', '시크한' 같은 비주얼 키워드였다. 나는 이 키워드로 멤버들의 이미지를 규정하고, 해당 단어들을 멤버들이 더 직관적으로 이해할 수 있도록 이미지보드(무드보드)를 만들어 보여주며 이미지 트레이닝을 했다. 이 과정에서 쉬운 이해를 도울 수 있도록 특징이 있는 여성 패션 브랜드의 광고 이미지들을 많이 참고하였다.

그런데 최근 이 자료들을 확인해 보니 사랑스러운 얼굴과 시크한 '피지컬'을 가지고 있는 로제의 경우 '생로랑'이라는 브랜드의 이미지들을 다수 구성하여 트레이닝한 사실을 발견했다. 생로랑의 경우 록 스키니 풍의 슬림한 의상 스타일이 대다수이다. 그리고 현재 생로랑의 앰버서더로 활동하고 있는 로제의 모습을 보면, 개인에 대한 이해와 아이덴티티를 고려한 비주얼 브랜딩, 즉 비주얼 디렉팅이 얼마나 중요한지 알 수 있다.

개인에 대한 깊이 있는 비주얼 아이덴티티를 이해한 다음, 이를 토대로 그룹의 비주얼 정체성(아이덴티티)을 설정하고, 그룹의 정체성을 바탕으로 앨범의 콘셉트와 앨범 간 비주얼 스토리텔링 연결성까지 고려하기 때문에, 아이돌에게 있어서 비주얼 디렉팅, 즉 비주얼 기획은 필수적인 요소라고 할 수 있다.

물론, 단순히 현재 트렌드의 헤어나 메이크업을 반영하여 순간의 트렌드에 맞춘 아이돌의 비주얼을 기획하는 경우도 많다. 하지만 아이돌로서 다양한 모습을 대중들에게 보여주며 롱런하기 위해서는 단순히 비주얼 트렌드를 조합하여 만든 것이 아닌, 그룹의 비주얼적 특징을 강조하고, 전략적 비주얼 기획을 통해 차별점을 만들어 경쟁력을 강화시키는 것이 좋다.

✷ 비주얼이 사운드를 압도했을 때

K-POP이 전 세계인의 우상이 된 지는 이미 오래되었다. 방탄소년단, 블랙핑크, 뉴진스뿐 아니라 이제는 우리 춤과 넷플릭스 드라마까지도 한류 콘텐츠의 큰 줄기 중 하나로 자리잡았다. 전 세계 젊은이들은 K-문화가 선도하는 비주얼은 물론이고 스토리텔링에 압도당하고 있다.

K-POP이 흥행하기 전, 전 세계 어디에도 아티스트가 단체복을 입고 군무를 추는 경우는 흔치 않았다. K-POP 흥행 이전에는 어색한 경우였던 것과 달리, 현재는 명품 브랜드에서 직접 케이팝 가수의 단체복을 만들어주기까지 한다. 한국의 아이돌 가수들이 현재 글로벌하게 인기를 얻고 있는 것의 핵심 요소는 비주얼과 퍼포먼스, 즉 시각 언어를 잘 사용한 덕분이 크다고 할 수 있다.

가수의 메인 콘텐츠인 음악도 매우 중요한 요소이지만, 해외의 다국적 팬들에게는 한국어 내용을 이해해야 하는 노래 가사보다는 화려한 비주얼과 퍼포먼스의 다양성을 보여주는 것이 더 강렬한 인상을 심어주어 그들을 열광하게 했다. 이것은 언어 경계를 넘어 K-POP이 하나의 대중문화로 급부상하게 만들었다.

K-POP의 성공과 그로 인한 우리나라 아이돌 그룹의 다양화 현상 때문에 비주얼과 콘셉트가 중요해지고, 음악이 표현하고자 하는 감성을 이미지로 표출하는 비주얼의 역할은 현재 우리나라 음악 산업에서 절대적 존재감을 지니게 되었다. 이러한 현상은 콘셉트를 정하고 콘셉트에 따른 비주얼 요소를 구체화하는 비주얼 디렉팅이라는 분야의 발달로 이어졌다.

음원을 공개하기에 앞서 비주얼 티저, 멤버 티저 이미지부터 공개하는 앨범 홍보 일정만 봐도 쉽게 알 수 있다. K-POP은 음원이나 음반을 발매하기 전 아티스트의 비주얼 콘셉트를 엿볼 수 있는 티저 포스터(이미지)를 공개하는 게 일반적이다. 이후 짧은 뮤직비디오 티저 영상으로 기대감을 높인 뒤 음원을 발매한다. 그런데 이러한 음원 발매 일정과 홍보 순서에서 비주얼 콘셉트가 차지하는 중요성만 보더라도 이제는 음악 산업에 사운드뿐만 아니라 비주얼 요소가 강하게 결합되어 있음을 알 수 있다.

✷ 또 하나의 핵심 콘텐츠, 영상

온라인에는 하루에도 무수한 영상 콘텐츠가 쏟아진다. 영상이 비주얼의 또 다른 영역을 담당하고 있는 분야임에 대한 방증이다. 10~20년 전만 해도 음악을 즐기고 소유하는 방식이 음반 패키지, 즉, 오프라인 형태의 음악 감상이었다. 하지만 디지털 시대, 즉 4차 산업혁명 시대가 도래하면서 음악을 스트리밍하고, 이를 뛰어넘어 생동감 있는 영상 콘텐츠로 즐기는 방식이 당연해졌다.

이러한 현상은 음악산업에서 아티스트를 하나의 콘텐츠이자 트렌드 아이콘으로 성장하도록 하였다. 그리고 이는 가수의 티저 사진부터 아이돌 그룹의 로고와 앨범 커버, 의상, 뮤직비디오까지 하나의 이미지로서, 음악을 넘어서 화려한 시각적인 이미지의 중요성을 부각시켰다.

과거 음악산업의 대표적인 비주얼 경험은 CD를 사서 듣고, 안에 최소 4장에서 최대 20장으로 구성된 단편적인 음반의 콘셉트 이미지를 보는 것이 전부였다. 하지만 현재는 SNS와 다양한 디지털 플랫폼의 진화로 비주얼 소통방식이 폭넓게 분화했다. 따라서 인쇄된 종이로만 보았던 가수의 이미지는 점점 현실감있게 살아나 SNS, 유튜브 등에서 입체적으로 진화하고, 여기에 스토리까지 입혀 음악을 뛰어넘어 대중과 소통하기 시작했다.

영상 매체가 케이팝 콘텐츠의 주요 소비를 담당하는 통로가 되다 보니, 이전 시대는 앨범을 통해 음악만 공유했다면, 이제는 기술의 발전으로 손쉽게 비주얼을 전달할 수 있게 되었다.

예를 들어, 이전에 아이돌 이미지의 소비방식은 멋있는 포즈를 취한 사진을 구입하거나 앨범을 사서 보는 형식의 소극적인 형태였다. 하지만 현재는 다양한 콘셉트와 은유적인 스토리텔링, 세계관, 군무와 같이 그 요소가 다양화되었다. 그리고 하나의 무대나 앨범이 콘셉트로서 유기적으로 상호 연관을 지니고 있기 때문에 아이돌에 대한 콘셉트와 더 세심한 비주얼 브랜딩이 중요해졌다. 또한, 앨범디자인은 물론이고 스타일링, 메이크업, 뮤직비디오의 영상미 등 이미지를 시각적으로 구현하는 모든 과정과 이를 통해 구축되는 아티스트의 일관된 이미지가 더 중요해졌다.

✷ 비주얼이 일반화된 세상

아이돌의 세계는 치열하다. 1년에 사라지는 연습생의 수만 해도 엄청나다. 방탄소년단은 무명의 7년을 견뎠고, 현재도 고단한 연습생 생활을 하는 친구들이 매우 많다. 기획사들의 경쟁도 매우 치열해서 한 명의 스타 아이돌을 키워내기까지 인고의 세월을 견

뎌야 한다. 그만큼 엔터테인먼트의 세계에서 대중의 눈에 띄고, 사랑을 받는 일이 매우 어려운 것이다.

그러나 비주얼 디렉팅은 이제 아이돌이나 연예인의 세계를 넘어 일반인의 영역으로까지 확대되는 중이다. 멋과 개성, 자기만의 스타일을 중시하는 사람들이 늘어나면서 비주얼의 비중과 중요성도 점점 커지게 되었다. 본격적인 비주얼 디렉팅의 일반화, 대중화 시대는 어쩌면 진작부터 열려있었던 것인지도 모른다.

아이돌의 환상과 몰입도를 결정하는 비주얼 콘셉트의 비밀

✷ 내 생애 가장 강렬했던 연예인

내가 기억하는 가장 강렬한 연예인은 초등학교 때 보았던 이정현이었다. 당시 이정현은 그 누구도 시도하지 못했던 시대를 앞서간 춤과 노래, 그리고 통일된 콘셉트에 의거한 헤어, 의상 등을 통해 대중들의 시선을 압도했다. 테크노 여전사부터 클레오파트라, 바비인형까지 시대를 앞서간 독보적인 콘셉트들은 20세기 말의 독특한 비주얼 여가수로서 이정현을 스타의 반열에 올려놓았다.

또한 지금은 세계적인 스타가 된 싸이도 2000년대 초반 데뷔 초기에는 타이트한 민소매 정장과 함께 다소 엽기적인 춤, 독특한 가사의 '새'라는 음악, 그리고 엽기적인 스타일의 퍼포먼스를 선보였다. 이처럼 음악적 특징 뿐만 아니라 독특한 비주얼과 콘셉트는 싸이라는 가수가 대중들에게 눈도장을 찍게 되는 계기가 되었다.

초등학생의 어린 나이에는 특이하다는 생각이 들 뿐이었지만, 지금 생각해보면 이와 같은 강렬한 이미지의 잔상은 비주얼과 콘셉트가 확실하고 개성적이었기 때문임을 알게 되었다.

이렇듯 비주얼 콘셉트는 연예인이라는 하나의 '프로젝트'를 대중에게 선사하는 일이다. 우리는 레이디 가가를 떠올리면 파격적이고 혁신적인 의상과 비주얼들을 연상하고, '이영애' 하면 우아하고 귀티 나는 비주얼을 생각한다. 이와 같이 어떤 특정 대상이나 구체적인 감각을 떠올릴 때는 이미지나 분위기 등을 함께 연상하기 때문에 비주얼 콘셉트를 어떻게 구성하고 기획하는지가 중요하다고 할 수 있다.

✷ 비주얼 콘셉트는 어떻게 탄생하는가?

비주얼 콘셉트는 시대 상황이라는 토양에서 탄생한다. 따라서 현재의 문화를 제대로 읽어야 적절한 비주얼 콘셉트를 구상할 수 있다. 시대에 따른 트렌드를 미리 잘 읽어야 한다는 이야기이다.

시대의 문화 현상은 시대 배경을 반영한다. 90년대 후반, 골프

선수 박세리는 IMF 외환위기라는 절망에 빠진 시대 상황에서 조금도 머뭇거리지 않고 운동화에 양말까지 벗은 후 물웅덩이 속으로 성큼성큼 들어가 볼을 안정적으로 쳐냈다. 이후 박세리는 국난 극복의 상징과도 같은 인물이 되어, 지금도 '박세리' 하면 당시 받았던 벅찬 감동을 떠올리는 사람들이 적지 않다.

2010년 YG엔터테인먼트에서 데뷔시킨 4인조 걸그룹 2NE1 역시 '강렬한 비주얼'로 시대의 한 획을 그은 대표적 사례라 할 수 있다. 2010년만 해도 걸그룹의 콘셉트는 대부분 섹시하든가, 귀엽거나, 청순한 것이 대세였다. 그런 흐름 속에서 2NE1은 걸크러시 콘셉트와 강렬한 힙합 음악으로 차별화된 그들만의 아이덴티티를 대중들에게 각인시켰다.

이후, 2NE1은 차별화된 비주얼로 걸그룹계의 새로운 트렌드를 주도하기 시작했다. 로맨틱하고 페미닌하거나 수동적인 여성상을 표방하는 걸그룹이 많아짐에 따라 확산된 트렌드에 대한 싫증이 생기고, 이 같은 트렌드에서 빠져나가려는 흐름이 또다시 독립적이고 능동적인 여성상(여성 걸그룹)이라는 새로운 트렌드를 만들어낸 것이다.

2NE1은 독특한 의상과 자신감 넘치는 태도, 당당하고 놀 줄 아는 여성을 자처했는데, 이는 걸그룹계에서 전무후무한 캐릭터의 등장이었다. 2NE1의 등장 이후 걸그룹은 이성 팬에게만 인기 있다는 고정관념을 깨고, 남성 팬뿐만 아니라 여성 팬덤을 크게 확보했다. 그리고 이들의 사례는 시대의 트렌드 속에서 차별화된 콘셉트와 이미지 전략을 통해 큰 성공을 거둔 사례로 자리잡았다.

그런데 이와 같이 트렌드를 주도하는 비주얼 콘셉트를 세상에 내놓기 위해서는 현 시대의 트렌드와 문화 현상에 대한 충분한 이해가 필요하다. 그리고 이것이 왜 현재의 트렌드인지, 어떻게 트렌드가 되었는지, 어떤 사람들을 통해서 트렌드로 확산되었는지를 잘 이해하고 있어야 한다. 이런 분석이 뒷받침이 되어야 대중이 주목하는 트렌드, 새로운 트렌드를 만들어 낼 수 있다.

✷ 비주얼 콘셉트를 어떻게 구상할까?

비주얼 콘셉트를 구상하기 위해서는 기본적으로 현 시대의 트렌드 및 시대정신의 양상을 이해하고, 앞서 설명한 새로운 트렌드의 니즈를 반영한 새로운 현대적 콘셉트를 생산해 낼 수 있어야 한다.

비주얼 디렉팅에 관련한 강의를 할 때, 비주얼 디렉터로서 콘셉트를 찾기까지 영감이나 아이디어를 어디에서 얻는지 궁금해하는 사람들이 종종 있다. 트렌드와 대중성의 균형을 맞춰가면서 아이돌의 음악적 특색과 개성을 보여주는 것이 K-POP 콘셉트의 관건이다. 따라서 대중적인 트렌드를 리서치할 수 있는 이미지 레퍼런스 사이트에서 참고 이미지를 찾기도 한다. 또, 그때그때 가장 많이 회자되는 영화를 보면서 영감을 찾으려고 고민하기도 한다. 아울러, 새로운 트렌드 적용을 위해서 대중문화 산업과 아주 먼 곳의 예술 영화, 신인 감독의 아트 무비 등에서 영감을 찾으려고 노력하기도 한다. 특히 패션이나 스타일링으로는 현재 트렌드를 가장 빨리 반영하는 패션 런웨이를 많이 참고한다.

예술성이 없는 대중적인 콘셉트는 그 콘셉트와 아티스트를 평범한 수준에 머물게 만든다고 생각한다. 따라서 나는 단순히 시중에 나와있는 인물이나 그룹에 적용된 콘셉트나 이미지보다는, 다양한 예술 매체의 트렌드와 흐름을 확인하는 편이다. 그리고 이들을 기존의 트렌드와 조합하여 대중들에게 신선하게 각인될 수 있는 이미지로 어떻게 창출할 수 있을지를 고민한다.

✷ 비주얼 콘셉트는 다양할수록 좋다

시대가 변화하면서 비주얼 콘셉트는 좀 더 세분화되기 시작했다. 과거의 음반산업에서 소녀스러운 콘셉트라고 하면 보통 강수지나 하수빈이 표현하는 하늘하늘하고 사랑스러운 이미지가 다였다. 레이스 달린 원피스를 입고, 챙이 큰 모자를 쓴 채 들판 위에서 바람에 긴 머리를 휘날리는, 첫사랑이나 동화적인 소녀의 이미지로 대중에게 인식되고 각인되어 왔다.

하지만 현재 음반산업 콘셉트의 범주는 뉴진스의 'Attention'에서 보여주는 맑고 티없는 소녀부터, 여자친구가 '시간을 달려서'에서 내세웠던 첫사랑 이미지의 청아하고 일상적인 범주의 소녀, f(x)가 내세우는 분위기 있고 스산한 개성있는 소녀, '이달의소녀'처럼 아예 규정된 이미지 없이 소녀들이 보여줄 수 있는 온갖 이미지가 집합된 콘셉트를 표현하고자 기획된 소녀 아이돌까지 그 스펙트럼이 다양하다. 시대가 변화함으로써 비주얼 이미지가 복잡해지며, 이미지에 대한 시대정신이 변화한 덕분이다.

앞서 언급했듯, 과거의 소녀적 콘셉트는 하늘하늘하고 여성스러운, 소위 전통적인 소녀의 이미지로 시각화되는 경우가 많았다. 하지만 지금은 다르다.

아이돌 그룹 '소녀시대' 같은 경우 '소녀'가 콘셉트가 아니라 하나의 브랜드로서, 그룹명에서 알 수 있듯 이 시대의 '소녀'를 다양한 모습으로 보여줘 왔다. 10여년 전 '다시 만난 세계', 'Baby Baby'의 사랑스럽고 가녀린 소녀로 시작하여, 'Gee'의 상큼한 소녀시대, 'Oh', 'Hoot'를 거쳐 마지막으로 발매되었던 'All Night'까지 숙녀로 성장해 나가는 '소녀시대'를 순차적으로 보여주었다. '소녀'라는 K-POP 아이돌 브랜드로 각 앨범에서 소녀시대라는 그룹이 '어떤 소녀'로 변화해 가는지, 소녀부터 여성까지의 스펙트럼과 아티스트 로드맵에 의거하여 달라져 가는 모습을 보여주고 있는 것이다.

소녀시대와 같이 소녀라는 주제로 다양한 콘셉트를 보여준 것을 보면, 현재 K-POP 비주얼 브랜딩이 과거에 비하여 얼마나 세분화되고 브랜드적인 개념을 사용하고 있는지 알 수 있다.

과거에 아이돌 비주얼은 일방적인 이미지의 소비 형태 속에 존재했다. 하지만 현재는 팬들이 다양하게 해석해보고, 힌트를 통하여 함께 의미를 찾으며, 공동의 세계관을 구축해 가는 콘셉트 요소가 생겨나고 있기 때문에 비주얼 콘셉트의 다양화는 중요하다.

✷ 콘셉트, 취향과 트렌드 사이의 고민

매체가 많아지고 정보가 늘어남에 따라 현재의 아이돌은 더 이상 단순히 팬들의 취향이나 기호에 머물지 않게 되었다. 포화된 아이돌 시장에서 관심을 끌 수 있는 브랜드 스토리, 즉 세계관과 다채로운 무드를 기반으로 시장에서 특색 있는 포지션을 점해야 한다. 그리고 이를 통해 차별화되고 신선한 콘셉트와 비주얼을 만드는 것이 가장 중요해졌다.

일례로, SM의 걸그룹 에스파(aespa)의 경우 K-Pop의 멀티버스 시대를 열었다. 4명의 실존 멤버와, 4명의 메타버스 가상 멤버들로 구성된 이 걸그룹은 마블 시네마틱 유니버스가 2008년 영화 '아이언맨'으로 시작했던 것처럼, 많은 SM엔터테인먼트 아티스트의 세계관들이 에스파를 통해서 광야라는 메타버스 세계관 형태로 이어지도록 했다.

이러한 변화는 현재의 트렌드를 그저 따라가는 것만으로는 대중들에게 지속적으로 어필할 수 없다는 위기의식에서 비롯된 것이다. 트렌드와 대중성의 균형을 맞춰가면서 그룹의 음악적 특색과 멤버들의 매력을 꾸준히 보여주는 것, 그 길만이 K-팝 엔터테인먼트의 생명력을 길게 가져갈 수 있는 비주얼 콘셉트의 비밀이 될 것이다.

비주얼 디렉터의 역량이 모든 것을 결정한다

✷ 크리에이티브의 핵심, 디렉터의 역량

엔터테인먼트는 내부의 비주얼과 크리에이티브를 책임지는 비주얼 디렉터를 중심으로 기획자, A&R(Artists and repertoire) 등 각각의 전문적인 직무를 가지고 있는 사람들이 모여 크리에이티브를 만든다. 여기서 비주얼 디렉터는 비주얼과 관련된 프로젝트 진행 업무를 총괄하는, 말하자면 소속 아티스트 및 비주얼 스텝들과의 의견 조율, 의사소통의 연결고리이다. 이들은 엔터테인먼트의 전략적 비주얼 마케팅 방향과 아티스트가 원하는 것을 파악하고, 이를 조합하여 일관성 있는 비주얼 결과물이 나올 수 있도록 하는 모든 업무를 총괄한다.

사진, 영상, 뮤비, 앨범 커버, 무대의상, 콘서트 의상, 굿즈 등의 비주얼 콘셉트를 기획하고, 데뷔를 앞둔 신인 그룹에 대해서는 그룹의 이미지와 스타일링 등을 총괄적으로 지휘하는 역할도 비주얼 디렉터의 담당 분야이다. 또한 비주얼 디렉터는 디자인 기획, 제작, 제작관리 등의 각 분야와 콘셉트 비주얼을 총괄적으로 처리하고 지휘하는 전문가이기도 하다. 따라서 비주얼 디렉터가 되기 위해서는 레이아웃, 사진, 타이포그래피, 색상 등 디자인 전반에 관해 상당한 지식과 훈련을 갖춰야 한다.

일반적으로 비주얼 디렉터가 되려면 디자이너로 출발하여 8~10년 정도의 경력과 지식을 갖춰야 가능하다. 그러나 비주얼 디렉터라고 해서 단순히 '비주얼'에만 전문적인 식견을 갖춘 사람으로 생각해서는 안 된다. 과학적이고 체계적인 분석을 통해 아이디어를 도출하고 시각화하는 작업 역시 비주얼 디렉터의 영역이기 때문이다.

✷ YG '세련된 힙합 그룹'의 첫 주자, 위너 콘셉팅

YG에서 비주얼 디렉터로 일했던 시절, 보이그룹 위너가 데뷔를 하게 되어 그룹의 이미지와 정체성부터 앨범 콘셉트, 촬영 기획,

디자인, 제작관리까지 모든 콘셉트와 스타일에 통일성을 부여하여 디렉팅을 담당했다. 위너는 당시에 YG에는 '전무'하던, 피지컬이 좋고 세련된 스타일의 멤버들이 다수 포진해 있었다.

그래서 나는 첫 번째 앨범에서 위너라는 브랜드를 론칭하면서 이 차별화된 부분을 정체성으로 삼기로 했다. 우선 위너가 위너라는 브랜드의 패션모델이라는 앨범 콘셉트를 잡았다. 그리고 패션모델과 연관되는 패션쇼를 앨범 프로모션 형태의 콘셉트로 도입하였다. 패션쇼는 보통 그해의 연도와 시즌명을 브랜드명과 함께 배치하는 게 일반적이라, 이에 착안하여 위너가 데뷔했던 연도와 시즌명을 넣어 'Winner 2014 S/S'로 실제 패션쇼 현장 세트 기획부터 세트 디자인, 안에 들어가는 패션쇼 인비테이션 디자인, Onstage의 의상 기획부터 촬영의 구도, Backstage/Onstage로 나뉘는 장면의 톤&매너와 구도 등을 다양하게 기획하여 촬영했던 것이다.

나는 촬영 후에 나온 결과물을 가지고, 패션쇼장에서 나눠주는 타블로이드지의 레이아웃 디자인을 활용하여 실제 패션쇼장을 다녀온 느낌이 드는 형태와 그래픽으로 디자인하였다.

결과는 대성공이었다. 그해 발표한 위너의 데뷔 앨범 콘셉트는 아이돌 브랜드로서는 처음으로 '레드닷(Reddot) 디자인 어워드'에서 브랜드 디자인 상을 수상하기도 하였다.

엔터테인먼트 비주얼에서 가장 중요한 것은 '창의성'이다. 창의적인 아이디어를 바탕으로 과학적이고 예술적인 감각과 역량이 발휘되어야, 그 비주얼 디렉터의 생명력은 배가 되고 더욱 확장될 수 있다.

✷ 콘셉트 장인 '선미'의 감각적 원천은?

그렇다면 창의적 아이디어란 무엇이고 어떻게 발현되어야 하는 것일까?

창의적인 것은 콘셉트 구상에서부터 시작된다. 콘셉트의 어원은 라틴어로 '모두가 공감하는 것을 잡다, 혹은 취하다'라는 뜻이다. 그래서 우리말로 콘셉트를 잡는다는 말은 '모두가 공감하는 어떤 것을 만들다'라고 해석할 수 있다. 콘셉트는 이미지와 느낌에 해당하는 직관과 감성의 영역이다. 아이돌, 가수의 콘셉트를 구상하기 위해서는 기존에 있던 것, 현재 유행하고 있는 트렌드와 차별화된 틀을 깨는 것이 오히려 창의적이고 감각적인 발상이라고 할 수 있다.

가수 선미는 하이틴 좀비 활극, 진저헤어 스타일의 라푼젤, 캣

우먼의 꼬리를 강조하는 콘셉트 등 예측 불허의 콘셉팅으로, 엔터테인먼트 세계에서도 가히 '콘셉트 장인'으로 불린다. 이와 같이 창의적 감각과 아이디어를 도출하기 위해서는 다양한 사고력, 상상력, 독창력과 새로운 것을 받아들이는 개방적인 마인드가 필요하다.

✷ 논리를 바탕으로 한 창의적인 감각

다양한 매체의 등장, 그리고 이에 따른 갖가지 메시지 전달 방법이 생겨나면서 대중들의 공감을 사로잡기 위한 콘셉트는 더욱더 세밀화, 복잡화하고 있다. 그렇기 때문에 논리가 뒷받침되지 않은 창의력은 힘을 잃는다. 좋은 콘셉트를 가진 사람은 자신의 정체성을 압축적으로 표현할 수 있는 옷을 입음으로써 본인의 정체성을 더 잘 드러낼 수 있다. 마찬가지로, 단순히 시각적으로 화려한 콘셉트와 비주얼 기획보다는 논리적 설득과 바탕이 있는 비주얼이라야 대중의 공감을 불러일으킬 수 있다.

따라서 '논리력'이야말로 현재 시대의 아이돌 비주얼 디렉팅에서 기본이 되는 역량이다. 논리를 바탕으로 시각화를 전개하여 이를 체계화하는 것이 무엇보다 중요하다.

논리력은 전체적인 비주얼 기획의 설계부터 시각화까지 일관되게 표현할 수 있는 능력을 말한다. 논리적으로 완성도 있게 완결된 비주얼 콘셉트라야 대중들이 이를 보아 이해하고 아이디어를 충분히 수용할 수 있게 된다.

✷ 트렌드 정보 분석과 시각적 표현

대중들은 어떤 비주얼에 감동할까? 바로 시각적 커뮤니케이션(비주얼 커뮤니케이션)을 통해서 콘셉트 표현이 잘 전달되었을 때 공감하고 감동한다. 이를 위해서는, 시대정신에 따라 트렌드가 어떻게 변해왔는지, 현재의 트렌드와 스타일에 대한 광범위한 정보 리서치와 이해가 필요하다. 비주얼 콘셉트 기획을 할 때는 기획에 필요한 정보를 수집하고, 이를 분석·가공하여 새로운 콘셉트 시각화에 적용한다. 때문에, 패션뿐만 아니라 다양한 정보에 대해서 잘 알고 이를 예술적으로 조합하여 시각적으로 표현할 수 있는 능력이 뒷받침되어야 한다.

예를 들어 CL이 '나쁜 기집애'라는 타이틀로 음원을 낼 예정이라고 하자.

첫 번째로, '나쁜 기집애'라는 타이틀의 본질인 'BAD GIRL'이라는 단어를 기반으로 '나쁜 여자'라고 불리는 여성들의 비주얼이 시대별 트렌드로 어떻게 적용되고 변화되어 왔는지를 리서치한다.

다음으로, 이것이 현재 아티스트가 가지고 있는 고유의 정체성, 즉 그룹 2NE1의 멤버인 CL이 개인으로서 강하고 섹시한 캐릭터를 가지고 있는 CL과 얼마나 잘 어울릴지를 고려한다. 그리고 여기에 시대 현상과 함께 트렌드 아이데이션(ideation)을 반영해 적용 가능한 콘셉트의 종류와 의미의 범주를 좁혀나가기 시작한다.

예컨대, 이전 시대의 '나쁜 여자'가 상징하는 것이 매력 있는 나쁜 아가씨로서 어느 정도 여성화된 아이덴티티를 가지고 있었다면, 현 시대 CL의 '나쁜 기집애'는 변화된 사회에서 달라진 여성상을 'THE BADDEST FEMALE'이라는 슬로건 아래 나쁜 기집애로 개념을 정립한다. 영어 신조어 중 '멋지다'는 의미의 'Bad'를 적극 차용하여 변화된 시대, 진화한 멋진 언니인 솔로가수 CL의 아이덴티티를 설정함으로써 기존 시대의 트렌드였던 나쁜 기집애들과는 차이를 두는 것이다.

이렇게 설정된 'THE BADDEST FEMALE'이라는 큰 줄기를 토대로 삼아, 멋진 여성상이란 콘셉트를 다양한 비주얼 디테일 요소로 제시한다. 섹시한 여전사 콘셉트로 스윔수트와 박시한 점퍼, 킬힐 등의 룩으로 CL만의 앙칼진 나쁜 기집애 콘셉트를 구체화한다. 또한 힙합풍의 강한 음악적 특색을 기반으로 뒷골목에서 볼법한 오버핏 힙합 스타일의 의상과 메이크업, 타투 등으로 다채롭게 콘셉트 내에서 비주얼의 톤과 매너를 다양화한다.

음반 아이덴티티와 콘셉트 세팅, 사진과 뮤직비디오 촬영이 마무리되면, 이 비주얼 작업물들을 기반으로 앨범이 디자인된다. 실제 출시된 '나쁜 기집애'의 음반 디자인은 흡사 여전사가 어느 고지를 점령하고 꽂아놓은 깃발을 보는 것 같은 느낌을 들게 하는 커버 디자인이다. 신화적인 느낌이 드는 그래픽과 힙합 문화 디자인에 주로 사용되는 블랙&골드 컬러 등을 적극 사용하여 음반, 아티스트, 레이블의 특성까지 한눈에 보여준다.

이러한 단계들을 거쳐 하나의 음반 콘셉트와 비주얼, 디자인까지 연결지어 앨범이 발매되기 때문에 정보력을 바탕으로 일관된 비주얼 커뮤니케이션은 매우 중요하다.

✷ 기획을 실제 현장에서 어떻게 적용할까?

앞서 설명한 모든 기획과 시각화를 잘하는 것은 기본적으로 비주얼 기획안을 실제 현장에서 잘 적용시켰을 때에야 비로소 가능하다. 따라서 비주얼 디렉터의 역량을 최종적으로 마무리하는 것은 콘셉트를 현장에서 적용하는 실행력에 달려 있다. 실행을 제대로 완수하려면 비주얼 디렉터가 기획한 콘셉트가 실제 현장에서 적용이 가능한 콘셉트의 범위인지, 제한된 공간과 시간 내에 사진작가, 스타일링 스텝 등 여러 비주얼 관련 실무자들과 커뮤니케이션하고 조화롭게 구현할 수 있는지를 가늠해야 할 것이다.

이런 것들을 촘촘히 따져보고, 계획을 세우며, 머릿속에 시뮬레이션해 보아야, 실제 현장에서 총괄적으로 비주얼 디렉팅을 지시하고 지휘할 수 있게 될 것이다.

비주얼 디렉터로 성공시킨 위너와 제이플라

✷ 훤칠하고 시크한 보이그룹, 위너의 탄생

보이그룹 위너는 YG에서 'WIN - Who Is Next?'라는 YG 데뷔 서바이벌 프로그램을 통해 우승하여 위너라는 그룹으로 데뷔하였다. 언더그라운드 출신의 송민호, 서바이벌 프로그램 출신의 강승윤과 이승훈, 그리고 실력파 연습생 김진우와 남태현으로 구성된 5인조 팀 A와 WIN 이후 아이콘으로 데뷔를 한 6인조 팀 B의 서바이벌 배틀이 프로그램의 주된 내용이었다.

기존의 YG가 추구하던 원타임이나 빅뱅 스타일의 자유로운 힙합 음악을 하는 B팀과는 달리, 위너가 된 A팀은 YG가 하는 기존의 음악과 다른 노선인 세련되고 서정적인 힙합 음악을 추구하는 팀이었다.

A팀의 우승은 이 5명의 훤칠하고 시크한 매력이 있는 멤버들의 위너 데뷔로 이어졌다. 당시 보이그룹 포화 상태였던 가요계에서 차별화된 위너의 독보적인 포지션을 찾는 것, 그리고 YG에서 나온 보이그룹 간의 차별성을 두면서도 YG의 정체성을 가진 아이돌 브랜드를 기획하는 것이 데뷔 준비의 시작이었다.

데뷔 준비를 하면서 여러 차례의 스타일링 테스트와 테스트 촬영 등을 통해 위너라는 그룹으로 잘 어울리는 스타일들을 테스트했다. 그 결과, 위너라는 브랜드의 지향점을 귀공자, 시크한 YG의 고급스러운 남자 아이돌, 즉 '모던 클래식'이라는 단어로 정의하고, 위너라는 브랜드 가치에 맞는 파생 키워드들을 찾았다.

이후에는 브랜드와 브랜드 무드를 잘 표현하는 이미지를 찾아 무드보드를 만들었다. 무드보드는 디자인과 브랜딩의 초반 프로세스에서 쓰는 시각적 리서치 툴이다. 완성한 무드보드를 가지고 디자이너, 비주얼 디렉터와 기획담당자가 함께 보면서 이 무드보드가 위너라는 브랜드와 맞는지, 공감대가 형성되는지 확인했다.

이 무드보드 안에는 앞으로 위너라는 그룹이 보여줄 전체적인 비주얼이 모여있다. 사진의 톤, 고급스러움을 잘 표현할 수 있는 매너(포즈), 그리고 의상과 헤어, 메이크업 등의 스타일링을 포함해 구성된다. 몇 차례의 무드보드 커뮤니케이션을 통하여 비주얼 담당자들끼리 생각하는 위너의 브랜드에 대한 공감대가 형성되었다. 이제 위너라는 브랜드를 잘 드러낼 수 있는, 키 크고 세련된 청년들이 효과적으로 표현할 수 있으며 이들의 데뷔를 성공적으로 프로모션할 수 있는 콘셉트로 패션쇼를 꼽았다.

✷ 세련된 귀공자 힙합 아이돌 위너의 데뷔 '2014 S/S'

실제로 패션 업계에서 '2020 S/S Fashion week', '2023 F/W Trend'와 같이 시즌명을 쓰는 것에서 아이디어를 본떠 데뷔의 시즌을 명명했다. 그리고 패션을 아는 세련되고 트렌디한 아이돌의 이미지를 부각시켰다.

모델처럼 훤칠하고 세련된 이미지를 가지고 있는 위너를 데뷔시키는 과정은 마치 명품 브랜드를 론칭하는 것과 같았다. 따라서 위너를 하나의 브랜드이자 모델로서 론칭하고 브랜드 프로모션을 위해 패션쇼를 진행한다는 콘셉트와 프로모션 가이드라인을 정했다.

데뷔 앨범의 이름은 앞서 말한 패션쇼 시즌명의 패턴을 따르고, 데뷔 연도인 2014년 8월에 의미를 두어 '2014 S/S'으로 네이밍되었다.

위너 데뷔와 관련된 '2014 S/S'의 모든 비주얼은 패션쇼에서 하나의 패션브랜드 론칭과 같은 제작 프로세스에 따라 이루어졌다. 2014 S/S로 데뷔 앨범명과 콘셉트가 정해지고 난 뒤, 브랜딩을 더 강화시켜줄 수 있는 로고 디자인뿐만 아니라 패션쇼를 잘 표현할 수 있도록 실제 패션쇼장과 같은 세트를 제작하여 장면을 백스테이지/온스테이지로 나누어 보여주었다.

또한 패션쇼와 관련된 초대장, 패션쇼장 세트, 백스테이지에서 위너의 아이덴티티를 보여줄 수 있는 숨겨진 아이템들을 제작하여 콘셉트와 브랜드 요소를 강화하고자 하였다.

백스테이지에서는 데뷔를 준비하는 위너의 장난스럽고도 긴장된 모습을 흑백 컬러의 이미지로 구성하여 보여주었다. 반면, 온스테이지 부분에서는 정장, 캐주얼, 리조트 룩 등 고급스럽고 시크한 위너의 다양한 매력을 모던하면서도 클래식한 무드 아래 이미지로 전달하여 데뷔 후의 플랜처럼 보여주고자 했다.

✷ 아이돌 브랜드의 경계를 확장하다

촬영 이후에는 촬영된 원본을 가지고 위너라는 브랜드를 잘 표현할 수 있는 컬러와 색상, 서체 디자인이나 그래픽 스타일들을 찾았다. 위너의 로고는 클래식함과 현대적인 세련미를 표현하기 위하여 Winner의 'W'를 심플하고 볼

위너 데뷔 디지털 싱글 커버. 위너 로고가 디지털 싱글에 적용된 모습이다.

위너 프로모션 로고 가이드

드한 심볼 그래픽과 함께 클래식한 삐침이 있는 세리프체의 문자 디자인으로 조합하여 디자인하였다.

위너의 브랜드가치를 잘 표현하는 모던 클래식을 명품브랜드 로고와 같은 형태로서 디자인하였는데, 다섯 개의 선이 모여 W가 된다는 의미를 두어 이를 다섯 명의 멤버를 선으로 형상화하여 심볼을 제작하기도 했다. 이는 위너 데뷔 론칭쇼에 로고 모션으로 기대감을 주는 오프닝 모션 디자인으로 연결되었다.

앞에서 콘셉트 전략을 짜 촬영된 이미지들은 앨범 패키지로도 이어졌다. 실제 패션위크에서 받아보는 뉴스레터의 편집물 형태로 디자인된 앨범은 데뷔 비하인드스토리 및 노래에 대한 설명, 패션쇼에서의 룩을 설명한 내용으로 구성되어 이미지와 내용물 간 통일성이 있게 제작하였다.

또한, 앨범 출시와 함께 위너가 실제 모델처럼 룩을 보여주는 런웨이를 위너 론칭쇼로 프로모션을 기획하여 데뷔 전 콘셉트와 음원을 공개함으로써 팬들의 기대감을 고조시켰다.

몽환적이고 부드러운 힙합인 타이틀곡 '공허해'를 통하여 위너의 무드와 룩을 정장, 프렌치 시크룩으로 선정해 무대의상까지 유기적으로 연결지었다. 패션모델이 구현할 수 있는 다양한 룩 표현을 통하여 위너가 가진 세련됨을 음원과 함께 감성적으로 극대화시킨 부분이다.

이는 아티스트의 '아이덴티티 – 음원 – 콘셉트 – 데뷔 프로모션 – 음반 디자인 – 프로모션 – 무대의상'까지 브랜드로서 이미지를 세부화하고 유기적으로 연결짓기 위한 의도라고 볼 수 있다. 이러한 치밀한 데뷔 브랜딩 덕분인지, 위너는 데뷔하자마자 각종 차트를 휩쓸며 힙합 아이돌계의 경계를 다시 한 번 확장하였다. 이는 아이돌 최초로 브랜딩 디자인상을 수상하게 하는 성과를 낳기도 했다.

✷ 베드룸 싱어에서 유튜브 세상 밖으로 도약하는 제이플라

제이플라는 싱어송 라이터이자 유튜브 뮤직 크리에이터로서 팝 장르의 커버곡을 부르는 대한민국의 유튜버이다. 커버곡이란 기존에 발표되었던 곡을 다른 뮤지션이 다시 만드는 것을 의미한다. 2023년 기준 구독자가 1,760만 명, 전 세계 음악 유튜브 채널 중 99위에 이르는 많은 구독자를 보유하고 있다.

제이플라의 2016년 이전 영상들은 정면 얼굴도 보이고, 콘셉트와 스타일링이 각기 달랐지만, 2016년부터는 동영상 촬영의 구도를 측면 얼굴로 고정했다. 또 포니테일이나 업스타일의 헤어스타일과 함께 헤드폰을 끼고 노래를 부르는 제이플라만의 시그니처로 스타일을 바꾸었다. 전 세계적으로 많은 구독자들이 제이플라의 음색과 귀여운 리액션 등을 좋아했지만, 유튜브 커버 뮤직 크리에이터라는 그야말로 '베드룸 싱어(편안한 분위기와 감성을 느끼게 해주는 음악을 하는 뮤지션을 일컫는 말)'로부터 그녀가 원하는 본업이었던 싱어송 라이터로서의 도약을 위해서 스타일 부분으로 비주얼 디렉팅을 진행했다.

기존의 시그니처였던 포니테일 스타일링 등은 유지하되, 비슷한 스타일에서 신선해 보일 수 있는 다양한 스타일 테스트를 진행했다. 또한, 유튜버 제이플라로서는 새로운 도전이기 때문에 촬영의 구도가 다양해야 하고, 색다른 비주얼 전략 확장이 필요했다. 그래서 제이플라가 더 잘 돋보일 수 있는 기본적인 이미지 확립 작업을 진행했다. 퍼스널컬러, 얼굴 이미지를 통한 스타일 진단, 스타일링 테스트, 헤어메이크업 테스트를 진행했다. 그리고 잘 맞는 메이크업, 헤어스타일, 얼굴의 형태, 의상의 강도와 농도 등을 통해 색과 소재, 무늬, 패턴 등을 분석하여 새로운 싱어송 아티스트로서 제이플라의 이미지를 체크하고 이해시켰다.

제이플라의 경우 상반신 위주, 한쪽만 보는 얼굴 구도 때문에 하체 비만일 것이라든가 혹은 메이크업을 반쪽 얼굴만 할 것이라는 등의 재미있는 루머가 많았다. 그래서 제이플라가 오리지널 송을 내면서 부른 싱글, '베드룸 싱어'를 비주얼 디렉팅했을 때, 커버 음악 콘텐츠에 익숙하고, 웨어러블한 옷들을 많이 입었던 베드룸 싱어 제이플라의 모습에 친숙했던 팬들을 위해 기존의 웨어러블한 의상은 유지했다. 대신, 추가적으로 의상 스타일에서 세련됨을 더하고 다각도의 얼굴을 보여주는 비주얼적 시도를 했다.

K-POP 비주얼 브랜딩 프로세스

✷ 비주얼 브랜딩을 하기에 앞서

스타 마케팅의 일환으로 전개되고 있는 비주얼 디렉팅의 프로세스로는, 마케팅 전략상의 환경분석부터 시작하여 아이돌과 관련된 마케팅 전략 수립, 아티스트별 지향 이미지 설정, 앨범 콘셉트 기획 및 제작 관리로 크게 나눌 수 있다. 비주얼 디렉터는 논리력을 바탕으로 창의적 감각, 정보 분석력, 시각화 능력, 현장 적용력 등의 역량이 요구된다. 그리고 이는 비주얼 디렉팅의 프로세스에서 적용되고 있다.

내가 담당했던 아티스트의 모든 비주얼은 일관성 있는 비주얼 콘셉트를 가지고 있으며, 하나의 이미지로 구현되어 스토리로 엮어진다. 음악, 콘서트, 공연과 함께 무대의상까지 비주얼 디렉팅의 콘셉트를 적용해 비주얼 전략이 하나의 결과물로 집약되어 나타난다.

✷ 비주얼 브랜딩 프로세스

비주얼 브랜딩 프로세스를 간략하게 도표화 하면 다음과 같다.

| 비주얼브랜딩 프로세스 |

1. 개인의 아이덴티티 체크
2. 멤버별 이미지 정립
3. 멤버별 타겟 이미지 설정, 그룹 내 이미지 밸런스 찾기
4. 환경 분석
5. 그룹의 정체성 수립
6. 환경 내 차별화된 브랜드 포지셔닝
7. 그룹(브랜드) 아이덴티티 수립
8. 그룹의 로드맵 수립
9. 그룹의 아이덴티티를 토대로 한 앨범 콘셉트 설정
10. 콘셉트 무드보드 제작
11. 시각 요소 구체화
12. 현장 스텝 섭외 및 회의
13. 촬영(현장 적용)
14. 콘셉트 전략과 메인 비주얼, 디자인
15. 디자인 제작 감리

1. '개인의 아이덴티티 체크'란 인지하고 있는 개인의 이미지와 지향/지양 이미지를 체크하는 것이다.

2. '멤버별 이미지 정립'은 인지하는 것과 본인의 이미지가 다를 수도 있는 부분들이 있어 잘 맞는 이미지를 설정하고, 개인이 가지고 있는 이미지 / 발전할 수 있는 이미지 / 발전 방향 등을 고려해 개인의 이미지를 구축하는 것이다.

3. '멤버별 타깃 이미지 설정, 그룹 내 이미지 밸런스 찾기'는 멤버별 이미지 정립 단계에서 정립된 이미지를 토대로 지향 이미지 강화 트레이닝을 진행하며, 그룹의 경우 멤버별 이미지 밸런스를 찾아 비슷한 이미지가 되지 않고 각각의 멤버가 차별화된 이미지를 구축하도록 밸런스를 조정하는 과정을 말한다. 이때는 멤버별로 강조된 이미지 안에서 활용할 수 있는 이미지 스펙트럼 맵을 제작하기도 하고, 브랜드를 몇 가지 설정하여 개개인의 이미지 트레이닝이 좀 더 쉽도록 한다. 일례로, 블랙핑크의 경우 데뷔를 준비하면서 멤버별로 실제 패션 브랜드와 이미지가 비슷한 멤버를 연결하여 광고 이미지, 혹은 아이덴티티를 잘 알 수 있는 이미지를 자주 보면서 이미지 트레이닝을 하여 자신의 장점 이미지를 강화하

였다. 앞에서도 말했듯 이런 과정 덕분에 로제는 생로랑의 시크함, 지수는 디올의 여성스럽고 사랑스러운 이미지 등을 트레이닝하였고, 이는 이들이 실제 브랜드 엠버서더가 되는 것으로 이어졌다.

4. '환경 분석'은 가요계 및 연예계에서 활동하는 분야 내에서 어떤 비주얼 콘셉트가 유행하는지, 그리고 현재 어떤 트렌드가 유행이었는지, 어떤 흐름을 통해서 지금의 트렌드가 왔는지를 분석하는 것이다.

5. '그룹의 정체성' 수립이란 환경 분석을 통해 해당 업계 내에서 어느 부분으로 포지셔닝이 가능할지, 소비자에게 어떤 정체성과 이미지가 잘 소구될지 체크하여 '그룹의 정체성'을 정립하는 과정이다.

6. '환경 내 차별화된 그룹(브랜드) 이미지 포지셔닝'은 정체성이 수립되면 환경 분석과 연결하여 우리가 정한 정체성과 비슷한 전략, 비주얼을 구사하는 경쟁자 그룹을 조사하고 분석하며, 이를 통해 우리만의 차별화된 이미지, 시각적 요소로 어떤 것들이 있을지 찾아 적용하는 것이다.

7. '그룹(브랜드) 아이덴티티 수립' 과정에서는 다시 한 번 비슷한 다른 경쟁자 그룹들과 어떤 점에서 차별화가 되었는지 체크하게 된다. 그리고 이를 통해 그룹으로서의 정체성을 공고히 하는 계기로 삼는다.

8. '그룹(브랜드)의 로드맵 수립'은 향후 3년 동안의 활동 방향을 정하는 것을 말하는데, 주로 데뷔 앨범부터 완성된 비주얼, 콘셉트를 보여주기보다는 1~3년간의 러프한 플랜을 짠 후, 비주얼과 콘셉트의 발전을 보여주는 것이 일반적이다. 점점 발전해 나가는 콘셉트와 비주얼을 보여주기 위해서 로드맵을 제작하여 발전 방향을 기획하는 것이 일반적이다.

9. '앨범 콘셉트 설정'이란 그룹의 정체성이 확고해지면 음악·안무 등을 결정하고 정체성, 로드맵을 바탕으로 음악을 시각적으로 잘 표현할 수 있는 앨범의 콘셉트와 비주얼 전략을 고민하는 과정을 가리킨다.

10. '콘셉트 무드보드 제작' 시기에는 콘셉트 아이디어, 키워드, 구현되면 좋을 법한 장면과 무드, 모델의 포즈가 있는 이미지를 수집하여 비주얼 이해관계자가 잘 이해할 수 있도록

콘셉트 무드보드를 제작한다.

11. '시각화 요소 구체화 단계'에서는 콘셉트에 의거하여 사진 무드/아이템/타이포그래피/이미지/앨범 아트워크 등을 리서치하여 아이디어 회의 등을 통해 시각 구성요소를 정한다.

12. '현장 스태프 섭외'란 해당 콘셉트를 잘 적용할 수 있는 사진작가/뮤직비디오 감독/헤어·메이크업·스타일리스트 등을 구성하는 과정이다. 섭외가 완료되었다면 앞선 시각 구성요소, 무드보드 등을 보여주고 각각의 단계에 대한 이해도를 맞추며 협력을 유도한다.

13. '현장 적용'이란 무드보드, 시각적 요소를 통해서 콘셉트를 공고히 하고, 실제 촬영 시 현장에서 잘 적용되도록 커뮤니케이션하는 것을 말한다. 사진 촬영/뮤직비디오 촬영 등 앞선 기획과 전략, 콘셉트에 잘 맞게 진행되는지를 현장에서 비주얼 디렉터가 총괄한다.

14. '콘셉트 전략과 메인 비주얼, 디자인'이란 티저부터 설정된 콘셉트에 맞게 앨범 사진, 타이포그래피로 만든 앨범 디자

인, 로고, 등 모든 비주얼적 요소가 콘셉트에 의거하여 일관적이고 논리적으로 유지되는지 확인하라는 의미다.

15. '디자인 제작 감리'는 오프라인의 경우, 실제 인쇄나 제작되는 디자인의 퀄리티가 잘 구현되었는지 체크하는 것이다.

✷ 장기적 로드맵이 필요하다

앞선 프로세스는 가수의 앨범 한 장이 나오기까지 일련의 과정이다. 하나의 프로젝트가 연결되고 지속적으로 나오면서 아이돌의 아이덴티티는 더욱 공고해진다. 물론 단순히 단기간에, 눈앞에 있는 콘셉트와 비주얼도 중요하다. 하지만 장기간에 걸쳐 어떤 이미지와 콘셉트를 가져가고 싶은지까지 체크한 후 어떻게 큰 로드맵을 구상할 것인지 점검해보아야 한다.

5장

호감 가는 **나의 이미지를 강화시키기 위한 룰**

의식적으로 전신 거울을 통해 나를 체크하라

✷ 사람은 하나, 그러나 이미지는 수백, 수천 가지다

대부분의 사람들은 내가 다른 이에게 어떻게 보이는가를 신경 쓰고 산다. 신경을 쓰는 데서 더 나아가, 관심을 '신중하게 기울이고 이에 공을 들이는' 사람도 많다. 또한 타인 눈에 비치는 자신의 모습이 어떠한지 알고 싶어 하고 자신의 이미지를 향상시키는 것에 관심이 많다.

이는 비단 유명인에 국한되지 않는다. 이미지가 유명인의 전유물이 아닌 지는 오래되었다. 게다가 요즘은 SNS의 발달로 개인이 이미지를 구축하기도 무척 쉬워진 세상이라 사람들은 이미지를 만들고, 유지하며, 또 변신시키는 일에 매우 민감해졌고, 몹시 공을 들이고 있다.

그렇다면 '이미지'란 무엇일까?

보통 나의 이미지는 나의 내적인 본질과 외적인 형상, 그리고 상대방의 인식으로 이루어진다. 외적인 형상은 외모나 표정 등을 말하며, 직접적인 경험을 통해 알 수 있다. 내적 이미지는 눈으로 보이지 않는 심리적 표상을 의미한다. 표상이란 감각에 따라 느낀 현상이 자기 마음속에서 재생되는 것을 말한다.

여기서 재미있는 점은, 이미지라는 것은 필요한 순간 조합하여 조화롭게 만들어낼 수 있다는 사실이다. 외부로 형상화해 타인에게 보여지고 싶은 자신의 모습을 만드는 것이 바로 '이미지'라는 이야기다.

예를 들면, 나라는 사람은 하나지만 부모님이 바라보는 나, 친구들이 인식하고 있는 나, 연인이 인식하는 나 등 타인들이 가지고 있는 나의 이미지는 수많을 수 있다. 따라서 나에 대한 이미지는 내가 만나는 사람 만큼 존재할 것이다. 우리는 성별, 직업, 역할 등에 따라 각기 다른 이미지나 표현 방식을 가지게 되고, 그때마다 필요한 자질들이 조합되어 외적인 이미지로 보여지는 것이다.

✷ 이미지는 전신으로 말한다

나는 의식적으로 전신 거울을 자주 본다. 이미지라는 것은 신체의 어느 특정 부위가 아니라 우리가 소위 말하는 아우라, 즉 전체적인 느낌과 밸런스에서 오는 것이기 때문이다. 따라서 전신 거울을 통해서 나의 모습의 균형, 조화를 자주 확인하는 것이 중요하다. 작은 거울로는 발견하지 못했던 옷매무새와 자세 등을 전신 거울로 자주 체크함으로써 알아내고 고쳐나갈 수 있다.

예를 들어 우리가 옷을 구입하려고 할 때, 직접 입어보고 다양한 모습들을 체크하지 않는가. 앞, 뒤, 옆모습, 이 옷을 입고 내가 회사를 갈 때, 데이트를 할 때 등등을 떠올려본다. 심지어 전신사진을 찍어서 친구나 가족들에게 물어보기도 한다.

이렇듯 옷 한 벌을 살 때에도 나의 여러 모습들을 체크하는 것과 같이, 전신 거울을 가까이 두고 의식적으로 나의 모습을 체크하면 자연스럽게 호감 가는 나의 비주얼을 찾게 되고, 호감 가는 첫인상과 일관성 있는 이미지를 갖추는 데 도움이 된다. 외출 전, 전신 거울을 통해서 나의 전체적인 모습을 자주 점검하는 습관도 좋다.

✷ TPO를 고려하라

요즘은 평범한 사람이라고 할지라도 과거보다 훨씬 많은 대인관계, 갈 수 있는 장소와 상황의 범위 및 크기가 늘어났고, 고도의 서비스 산업과 협업을 하는 상황이 늘어났으며, 다양한 이미지와 비주얼에 대한 필요성이 커졌다. 자신의 이미지를 좋게 부각하려면 시간(Time)과 장소(Place), 상황(Occasion)에 따라 잘 부합하는 의상과 비주얼 연출이 필요하다.

SNS 커뮤니티에 주기적으로 올라오는 단골 소재 중 '민폐 하객 패션'이 있다. 신부가 가장 아름다워야 할 결혼식장에 순백의 원피스를 (도대체 왜) 입고 온 여고 동창이나, 시스루 흰 저고리를 입고 신부 옆에서 사진을 찍은 시누이 이야기는 부적절한 TPO가 얼마나 눈살을 찌푸리게 하는지 잘 보여준다.

보수적인 성향의 대기업 면접장에 찢어진 청바지를 입고 오는 사람은 없다. 누군가를 위로하러 가는 자리인지, 혹은 어느 취지의 자리인지를 고려하여 TPO, 시간과 장소, 상황에 맞는 의상과 이미지를 고려하자. 외출 전, 그리고 외출해서도 기회가 닿을 때마다 전신 거울에 비친 내 모습을 봄으로써 평소에 내가 파악할 수 없는 나의 모습을 체크할 수 있어 상시로 자기 점검 습관을 들이는 데에 효과적이다. TPO만 잘 고려하여 비주얼과 나의 이미지를 체크하면서 비주얼 브랜딩을 생활화하자.

자연스럽고 호감가는 표정을 연습하라

✷ 표정도 연습할 수 있다

호감 가는 자신의 이미지를 강화하고 제대로 구축하기 위해서는 어떻게 해야 할까? 나에게 이미지 강화에 대해 조언을 구하는 사람에게 내가 가장 최우선으로 강조하는 것은 자연스럽고 호감 가는 표정을 늘 연습하는 것이다.

앞서 나는 첫인상은 3초 안에 결정된다고 했다. 그리고 첫인상을 결정하는 요인에 관한 조사에서는 '얼굴 표정'이 70% 이상을 차지했다. 그 뒤로는 깔끔한 복장, 말투나 어조, 눈빛, 미소, 목소리가 뒤따랐다. 얼굴이 뛰어나게 잘생기거나 예쁘지 않아도 깔끔한 복장과 호감 가는 표정 및 말투라면 좋은 인상을 남길 수 있음을 알 수 있다.

외적으로 변화를 줄 수 있는 헤어, 메이크업, 의상 등은 화려한데, 표정이 어색하거나 어두운 사람이라면 호감을 주기 어렵다. 좋은 인상을 주기 위해 타인을 지나치게 의식하는 행동과 표정을 할 필요는 없지만, 내가 가지고 있는 나만의 장점을 살려 처음 만난 상대에게 호감을 주는 것은 그 이후로 이루어질 인간관계에서도 좋은 영향을 미치는 요인이 된다.

✷ 단연코 '웃는 얼굴'

그렇다면 호감 가는 얼굴표정이란 무엇인지를 알아야 할 것이다. 많은 심리학자들의 연구에 의하면, 밝게 웃는 표정은 누구에게나 호감을 준다고 한다. 웃는 표정은 타인에게 우호적인 느낌을 주고, 개인의 평판 및 이미지를 높여주는 효과가 있기 때문에 사회적으로 대인관계가 좋아진다. '억지로라도 웃어라'라는 옛말이 있다. 억지웃음은 억지이더라도 건강에 좋다는 것은 심리학 이론에서도 설명되는데, '안면 피드백 가설(Facial Feedback Hypothesis)'이 그것이다.

안면 피드백 가설은 얼굴 표정을 지으면 그와 관련된 정서가 유발된다는 것으로, 안면 움직임에 의한 근육의 생리적 변화가 특정 정서의 경험에 영향을 미친다고 설명한다(Ekman, Levenson, & Friesen, 1983; Levenson, Ekman, & Friesen, 1990; Tomkins, 1984). 레어드(Laird, 1974)는 미소를 짓는 행위와 얼굴을 찌푸리는 행위가 각각 행복과 분노의 증폭을 유도했다고 보고하였으며, 아델만(Adelman)과 자이언스(Zajonc, 1989)도 얼굴 표정으로 특정 정서를 표현하게 했을 때 표현정서가 체험정서를 조절할 뿐만 아니라 표현정서를 체험하게끔 만든다고 보고하여 안면 피드백의 효과를 확인하였다. (〈분노 체험과 얼굴 표정의 일치 여부가 상태분노와 생리적 반응에 미치는 영향〉, 방수현, 2020)

회사에서 같은 팀 직원 면접을 본 적이 있다. 수려한 외모와 멋진 스펙을 가지고 있는 디자이너였지만, 어딘가 어둡고 면접에 억지로 응한듯한 표정을 짓고 있었다. 가지고 있는 배경은 모두 좋았지만, 결론적으로 면접관 누구에게도 호감을 주지 못해서 낙방을 한 것을 본 적이 있다. 얼굴이 아무리 예쁘고 멋지더라도 표정이 좋지 못하면 좋은 인상을 주지 못한다.

나는 항상 의도적으로 생각하는 문구가 있는데 "40대가 되면 자신의 얼굴에 대한 책임을 져야 한다"이다. 30대 이후에는 내가 짓는 표정으로 근육이 더 많이 발달된다. 이는 인상으로 이어지며, 이것은 그 사람의 인생 모습과 같다고 생각한다. 그러므로 의도적으로라도 늘 밝게 웃는 모습을 유지해 개인의 이미지를 보다 긍정적으로 만들고, 나아가 개인의 불행한 이슈가 있더라도 밝은 표정을 통해 행복한 삶으로 변화시키기를 바란다.

'제0의 인상'을 관리하라

✷ 4차 산업시대, 첫인상보다 앞에 오는 '제0의 인상'이 있다

매력적인 이미지는 몇 가지 노력을 통해 얼마든지 만들어낼 수 있다. 우선은 강한 내면을 다짐으로써 본인에게 부족한 감정적, 지적, 사회적 이미지를 만들고 개선해나가는 것이 시작이다.

그러나 그것보다 훨씬 중요하고 우선하는 '이미지'가 지금 시대에는 존재한다. 바로 대면하기 이전의 인상, 상대방이 나의 첫인상을 느끼기 이전에 SNS를 통해서 만나는 '제0의 인상'이 그것이다. '제0의 인상'은 디지털 세상이 도래한 지금, 어느 누구도 피해갈 수 없는 0순위의 이미지이자 인상이 되었다.

이른바 SNS 이미지의 홍수 시대다. 예를 들어, 소개팅을 한다고 가정했을 때 우리는 소개팅 상대를 대면하여 첫인상을 보기 이전에 주선자에게 사진을 부탁하거나, 미리 메신저의 프로필 사진 등을 먼저 검색해 본다. 내가 좋아하는 스타일의 모습인지, 인상이 좋은 사람인지를 체크하기 위함이 대부분이다. 그런데 이런 SNS 이미지는 비단 소개팅 상대자를 위해서만 관리하는 것은 아니다. 평소에 깔끔하고 괜찮은 사람이라는 이미지를 SNS나 프로필 이미지로 구축해놓으면 사회적 관계 안에서 호감도를 올려 둘 수 있다. 업무 미팅이 있거나, 면접을 보거나, 일로 상대 회사의 담당자를 만날 때, 내가 구축해놓은 디지털 속 내 이미지가 나의 호감도를 높이게 되는 것이다.

대면보다 비대면으로 보이는 이미지가 나를 규정하는 제0의 인상이 된 시대가 오면서, 내가 원하는 이미지가 잘 투영되고 의도한 대로 잘 나온 한 장의 사진은 나 자신의 이미지를 결정하는 필수불가결한 전략이 되었다고 해도 과언이 아니다.

하지만 이후에 외부로 보이는 이미지와 실제 모습이 크게 대비되면 신뢰도가 떨어질 수 있다. 잘 구축된 이미지로 중요한 기회와 관계 앞에서 예선 통과되었다면, 이제부터가 진짜 시작이다. 첫인상이 중요한 것은 자명한 사실이지만, 그렇다고 '첫인상이 다는 아니다'라는 사실 또한 늘 기억하고 있어야 한다. 첫인상 이전에 '제0의 인상'을 관리하는 것이 중요한 만큼 내면의 나, 바로 보여지는 나를 관리하는 것이 더 중요해진 이유다.

✷ 뛰어난 외모보다는 편안하고 자연스러운 외모

앞서 연예인이나 유튜버 등 패셔니스타나 특출난 외모를 가진 사람들의 예시를 들었지만, 유사성의 법칙에 의거하면, 호감형 인물들은 특출난 외모보다는 평범한 사람들이다. 유사성의 법칙이란 글자 그대로 사람은 비슷한 점끼리 서로 끌린다는 것이다. 동질성의 법칙이라고도 하는데, 우리는 취미가 같거나, 나이가 비슷하거나, 직업이 비슷하거나, 기질, 성격, 취향 등 서로에게서 자신과 비슷한 점을 발견하면 이에 동질감을 느낀다는 것이다.

따라서, 우리는 특출한 외모의 연예인보다는 평범한 옆자리의 동료를 더 편안해하고 좋아하게 된다. 게다가 앞에서 계속 말했듯, 첫인상의 90%를 차지하는 것은 뛰어난 외모가 아니라 외모를 포함한 자세, 표정, 상대방과의 거리, 목소리 등 포괄적인 요인들의 영향이다.

그러니 베스트 드레서가 되려고 안간힘을 쓰기보다는, 패션 잡지에 나오는 의상, 헤어스타일을 자주 확인해 보고 나의 아이덴티티에 맞춰 실제 삶에서의 옷차림에 약간의 포인트만 대입해 자신만의 개성과 이미지를 갖춰나가 보자. 더불어 남에게 좋은 인상을 주려고 억지로 과장하거나 설명하지 말고, 평균보다 약간의 수준이 높은 스타일링이나 깔끔함 등을 갖춘다면, 과장되지 않은 편안한 나만의 매력을 보여줄 수 있을 것이다. 외모가 뛰어나지 않더라도 자신감을 가지고 건강하고 자연스러우며 편안한 이미지로 사회생활을 이어나간다면 성공적인 개인의 브랜드로 한 발짝 더 나아가게 된다.

호감 가는 나의 이미지를 강화시키기 위한 룰은 특별하지 않다. 의식적으로 전신 거울을 통해 나를 체크하는 성실함, 자연스럽고 호감 가는 표정과 자세, 디지털 시대에 알맞은 '제0의 인상'까지 제대로 관리한다면 사람들의 관심을 끌어모으는 비주얼 브랜딩을 나 스스로도 얼마든지 충분히 해낼 수 있게 될 것이다.

브랜드는 이미 당신에게 있다

이 책은 퍼스널 브랜딩이 우리 사회에 깊숙이 파고든 이 시대에, 보다 많은 사람들이 비주얼을 전략적으로 잘 활용하여 나 자신을 찾고, 보다 선명한 이미지를 만들어 볼 수 있게끔 하는 바람으로 집필하게 되었습니다.

퍼스널 브랜딩이란 새로운 모습을 만들어 인물의 모습을 창조하는 것이 아닌, 본인의 내면이나 무의식적으로 이미 내가 가지고 있는 장점과 단점을 파악하고, 그 안에서 장점을 최대화하며, 단점을 장점으로 바꿀 수 있는 부분들을 찾는 것이라고 생각합니다.

"반복은 리듬을 낳는다"라는 말이 있듯이 긍정적인 나의 모습을 찾고, 나의 라이프스타일 안에서 이를 의식적으로 체크하는 습관을 들이면, 기분 좋은 나만의 음률이 만들어질 것입니다.

마지막으로, 부족하지만 저를 믿고 지지해 준 나수임 교수님, 남편 오승환 씨, 동료들에게도 고마운 인사를 전합니다. 덕분에 제가 든든히 책을 써 나갈 수 있었습니다. 부족한 원고를 잘 코칭해주신 라온북에 감사드립니다.

이 한 권의 책이 나오기까지 많은 퍼스널 브랜더, 프로듀서들과 논의하고 고민하여 정리하였습니다. 이 책이 비주얼 브랜딩을 함에 있어 어려움을 겪고 있는 많은 사람들에게 희망을 줄 수 있기를 바랍니다.

장지민 레이첼

【참고 문헌】

국내서

경노훈, 《디자이너처럼 생각하라》, 이손, 2016.

국외서

David Harrison, 《A Century of colour in Design》, Thames & Hudson, 2021.

번역서

HR인스티튜트 저, 양영철 역, 《컨셉 잘 잡는 컨셉》, 거름, 2016.

폴린 브라운 저, 진주 K. 가디너 역, 《사고싶게 만드는 것들》, 알키, 2022.

미즈노 마나부 저, 박수현 역, 《센스의 재발견》, 하루북스, 2015.

로렌 웨이 저, 조경실 옮김, 《배색 스타일 핸드북》, 지금이책, 2018.

김옥기, 박화진, 가와나미 다카코, 《디자인 전문가를 위한 감성컬러 배색가이드》, 도서출판 예림, 2021.

논문

최성이, 고정민, 〈K-Pop 비쥬얼디렉팅 전략에 관한 SM 사례연구〉, 《디지털융복합연구》, 한국디지털정책학회, 2019.

강효주, 〈퍼스널 브랜드의 유형별 기능성이 수용자 충성도에 따라 태도에 미치는 영향 연구 : 소비자형, 기업형 퍼스널 브랜드를 중심으로〉, 홍익대학교 산업미술대학원, 2020.

박현아, 〈하이브리드 캐릭터의 관점에서 케이팝(K-Pop) 아이돌 아이덴티티 전략 연구 - 3세대 케이팝 아이돌 사례 중심으로〉, 국민대학교 디자인대학원, 2021.

ARC
VISUAL WORKS

비주얼 브랜딩 프로그램 소개

- 개인 이미지 비주얼 브랜딩, 기업 교육, 콘셉트 자격과정을 온/오프라인으로 운영하고 있습니다.
- 상세내용은 아크 비주얼 웍스 홈페이지(visual-directing.kr)에서 확인하실 수 있습니다.
- 컨설팅 및 교육 문의 : rachel@visual-directing.com

개인 비주얼 브랜딩(이미지 & 디자인 컨설팅)

1. **주제 :** 퍼스널 비주얼 브랜딩, 콘셉트 컨설팅
2. **대상 :** 전문직, CEO, 프리랜서, 인플루언서, 취업준비생, 직장인 등 이미지의 변화나 어울리는 콘셉트 이미지 컨설팅을 받고 싶은 분
3. **내용**
   - 나의 퍼스널 콘셉트 찾기를 통하여 이미지 진단, 퍼스널 비주얼 콘셉트 정립
   - 컬러/체형/스타일링 등 목적에 따라 호감 가는 이미지를 만드는 구체적인 이미지 관리 전략
   - 개인의 콘셉트에 맞는 홍보 디자인 컨설팅 : 디자인 명함, 썸네일, 홈페이지 등
4. **컨설팅 인원 :** 개인 진행
5. **컨설팅 기간**
   - 1회 진단 및 컨설팅(1시간) – 온(Zoom)/오프라인 진행 가능
   - 4회 비주얼 브랜딩(2시간, 4회차) 이미지 진단·분석/콘셉트 최적 스타일링 컨설팅/대표 콘셉트 사진 촬영/퍼스널 쇼핑 – 오프라인 진행
     (* 사전 사진 진단 후 온(Zoom)/오프라인 진행 가능)

기업 교육 및 컨설팅

1. **주제 :** 비주얼 디렉팅 전략, 퍼스널 비주얼 브랜딩 전략, 비즈니스 이미지 전략
2. **대상 :** 대기업, 중소기업, 학교 등
3. **교육내용**

• 비즈니스 비주얼 브랜딩 전략 : 나의 아이덴티티 찾기 / 퍼스널 컬러, 이미지 찾기 / 비즈니스 패션 전략, 연출법 / 효과적인 나를 만드는 비주얼 디자인

4. **교육 인원 및 기간**

• 단체 및 소규모 그룹, 시간 협의

전문가 양성 과정(비주얼디렉팅 스터디)

1. **주제 :** 비주얼 디렉팅 전략, 비주얼 콘셉트 메이킹, 엔터테인먼트 비주얼 디자인
2. **대상 :**
    - 이미지 메이킹을 브랜드 관점에서 적용하고 싶은 분
    - 엔터테인먼트 분야 비주얼 디렉터가 되고 싶은 분
    - 브랜딩을 비주얼/디자인 관점에서 배우고 싶은 분
3. **교육내용**
    - 비주얼 디렉팅의 범위와 비주얼디렉터의 역할
    - 비주얼 콘셉트 분석 및 진단법
    - 바디 이미지 및 컬러 이미지 분석 및 진단법
    - 무드보드 및 비주얼 전략 기획법
    - 비주얼 디렉팅 실기
4. **교육 인원 및 기간**
    - 개인 및 소규모 그룹, 시간 협의

북큐레이션 • 효과적인 브랜딩으로 나만의 가치를 증대하는 라온북의 책

《비주얼 브랜딩의 비밀》과 함께 읽으면 좋을 책. 고유의 컬러, 분위기, 색상, 스타일을 활용하여 나의 경쟁력을 높여보자!

사고 싶은 컬러 팔리는 컬러

이호정 지음 | 16,000원

백 마디 말보다 강력한 컬러의 힘!
"나는 텍스트가 아니라 컬러로 말한다"

이 책은 사고 싶어지고 잘 팔리는 컬러의 8가지 법칙을 다양한 사례 연구를 통해 검증한 내용을 담고 있다. 고객 분석에서부터 브랜딩, 제품, 비주얼 머천다이징, 디지털 그리고 콘셉팅과 프로모션까지 다양한 각도에서 컬러 활용 효과를 설명하여 통합적인 관점에서 컬러를 이해할 수 있다. 그리고 컬러라는 새로운 인사이트를 통해 지금껏 생각하지 못했던 색다른 해결책을 찾을 수 있도록 도와줄 것이다.

컬러는 나를 알고 있다

진미선 지음 | 15,500원

"색을 알면 내 마음도, 상대의 마음도 알 수 있다!"
나의 색을 알고 나답게 잘사는 방법

이 책은 자신의 색을 알아보고 자신의 컬러대로 살아가는 길을 안내한다. 책 곳곳에 실린 나의 색을 찾을 수 있는 노하우, 저자가 들려주는 색과 사람, 색과 관계, 색과 마음의 특징은 현재에 만족하지 못해 돌파구를 찾는 사람은 물론이고 관계로 힘들어하는 사람, 스트레스로 힐링과 휴식이 필요한 사람 등 어려운 시기를 살아가는 많은 이들에게 내가 착각하고 있는 나, 내가 바라는 나, 관계 속의 나를 알고 스스로를 돌아보는 방식을 제시해줄 것이다.

스타일은 권력이다

이언영 지음 | 17,500원

개인도 주인공이 될 수 있는 시대
나는 영향력 있는 스타일링을 기획한다

앞으로의 10년은 언택트가 주류가 되는 세상이고 이 세상을 리드하는 사람들은 장소와 시간에 구애받지 않을 것이다. 그럴수록 나라는 사람의 영향력, 스타일, 브랜딩으로 가치를 높여야만 살아남을 수 있다. 이 책에서는 27년간 방송과 패션쇼 현장에서 활동했으며, 대학 강단에 서고 있는 저자가 말해주는 자신만의 '휴먼 스타일링' 기획법을 소개하며, 이를 통해 삶에 대한 동기부여, 구체적인 솔루션을 제시할 것이다.

라이프스타일로 마케팅하다

이상구 지음 | 15,000원

언제까지 물건만 팔 것인가?
라이프스타일을 판매할 때 고객이 열광한다!

남들과 차별화된 일상은 다른 사람들에게 자랑하고 싶은 이색적인 트렌드로 작용한다. 그렇기 때문에 라이프스타일 기획과 마케팅은 경험을 중요하게 여기는 요즘 시대 소비자들의 마음을 끌어당긴다. 소비자들이 열광하는 브랜드는 라이프스타일을 주도한다. 저자는 라이프스타일 기획이 어떻게 고객을 팬으로 만들 수 있는지 그리고 다가오는 미래에 어떤 라이프스타일이 가치 있는지 알려준다. 이 책을 통해 급변하는 시대 속에서 평생 고객을 만드는 '성공하는 라이프스타일'을 찾아보자!